COLLECTION
ARCADES

COLSON
WHITEHEAD

Le Colosse de New York

COLSON WHITEHEAD

LE COLOSSE DE NEW YORK

UNE VILLE EN TREIZE PARTIES

Traduit de l'anglais (États-Unis) par Serge Chauvin

nrf

GALLIMARD

Titre original :

THE COLOSSUS OF NEW YORK

à Kevin Young

LES PORTES DE LA VILLE

Si je suis ici, c'est parce que je suis *né* ici, à jamais perdu pour le reste du monde, mais vous, je ne sais pas. Peut-être que vous aussi, vous êtes d'ici, et que tôt ou tard il apparaîtra qu'on a habité à deux pas l'un de l'autre sans même s'en douter. Ou peut-être que vous vous êtes installé ici il y a deux ou trois ans pour le boulot. Peut-être que vous êtes venu faire des études. Peut-être que vous avez lu la brochure. La ville a dépensé sans compter le temps et l'argent pour mettre au point la brochure, à coups de films, de séries télé, de chansons — toute cette rengaine Broadway-nous-voilà. La ville consacre aussi beaucoup d'efforts à faire paraître votre ville natale minable et lugubre, des fois que vous vous demandiez pourquoi c'est une telle corvée d'y retourner.

Quel que soit le temps que vous avez passé ici, vous êtes un vrai New-Yorkais lorsque vous commencez à dire : Ça, avant, c'était Munsey's, ou : Ça, avant, c'était le Tic Toc Lounge. À dire qu'avant que le cybercafé se connecte, vous faisiez ressemeler vos chaussures dans la petite boutique familiale qui se trouvait là. On est un vrai New-Yorkais quand ce qui était là avant devient plus réel et palpable que ce qui est là maintenant.

On commence à se construire son New York intime dès le premier regard. Peut-être étiez-vous dans un taxi, à la sortie de l'aéroport, quand les gratte-ciel ont pointé le bout de leur nez. Tout ce que vous possédiez au monde se trouvait dans le coffre, et vous teniez à la main une adresse griffonnée sur un bout de papier. Regardez : voilà l'Empire State Building, et là-bas les Twin Towers. Et quelque part, dans ce fouillis majestueux et fantastique, se trouvait l'adresse du bout de papier, un premier chez-soi dans la ville. Peut-être vos parents vous ont-ils traîné ici pour des vacances quand vous étiez gosse, en vous baladant d'un bout à l'autre des gigantesques avenues pour faire les achats de Noël. Les seuls gratte-ciel visibles de votre poussette, c'était les jambes des adultes, mais vous avez fini par bien connaître le terrain et par vous demander pourquoi certains trottoirs scintillent sous certains angles et d'autres non. Peut-être que vous êtes venu rendre visite à un vieux pote, celui qui s'est installé ici l'été dernier, et qu'il y a eu un malentendu sur le lieu de rendez-vous. À la sortie de Penn Station, en plongeant dans le grouillement vertigineux de la Huitième Avenue, vous avez défailli. Arrêt sur image : cet instant, c'est la première pierre de votre ville.

Mon New York à moi, j'ai commencé à le construire sur la ligne 1 du métro, direction nord. Mon premier souvenir de la ville, je l'ai vu par la fenêtre du wagon qui surgissait du tunnel, en route pour la 125e Rue, tremblotant sur la voie aérienne. C'est le début des années soixante-dix, donc tout est crade. Ce qui veut dire que tout est resté crade, car c'est ma ville et je m'y accroche. Je continue à appeler ce bâtiment l'immeuble Pan Am, non par affectation, mais parce que c'est sa véritable identité.

Pour la bizute fraîchement débarquée de Des Moines (Iowa), qui entame sa première semaine de travail dans une compagnie d'assurances de Park Avenue South, ce titan qui s'accroupit au-dessus de Grand Central Station, c'est l'immeuble Met Life, et à ses yeux il le demeurera à jamais. Elle a tort, forcément : quand je lève les yeux, je vois distinctement écrit Pan Am en lettres énormes. Et moi-même, forcément, j'ai tort, aux yeux des vétérans qui entretiennent le mythe d'une vie avant Pan Am.

Les livres d'histoire et les documentaires culturels s'acharnent à vous offrir des « faits » sur New York. Comme quoi Canal Street fut jadis un canal. Et Bryant Park un réservoir. Tout ça, c'est de l'esbroufe. Je suis allé à Canal Street, et la seule fois que j'y ai vu couler une rivière c'était parce que les canalisations avaient sauté. N'écoutez pas ce que les gens vous racontent sur le New York d'antan : si vous n'avez pas vu la chose de vos propres yeux, elle ne fait pas partie de votre New York, et elle pourrait aussi bien être dans le New Jersey. À part l'histoire des Hollandais achetant Manhattan pour vingt-quatre dollars : il y a, il y aura toujours des gens pour se vanter d'avoir « flairé l'occase ».

Dans cette cité sans voiles, il y a huit millions de cités sans voiles, en désaccord et en dispute. Le New York où vous vivez n'est pas mon New York à moi : comment pourrait-il en être autrement ? Dès qu'on tourne la tête, la ville croît et se multiplie. On déménage ici, on emménage là. Au cours d'une vie, ça finit par faire une accumulation de quartiers : les cubes disparates de votre métropole jouet. Vos endroits préférés, kiosques à journaux, restaurants, cinémas, stations de métro et salons de coiffure, sont détrônés par ceux de votre nouveau quartier. À la longue, ça s'additionne. Et avant même de vous en rendre compte, vous vous êtes bâti votre paysage urbain.

Si vous retournez aux repaires de votre ancien quartier, qu'est-ce que vous constatez ? Ils demeurent et ils ont disparu. Le boui-boui, l'épicerie, le pressing que vous aviez repérés à votre arrivée, quand vous essayiez de vous approprier ces rues nouvelles : ils ne sont plus là. Mais regardez par-delà les vitrines de l'agence de voyages qui a remplacé votre pizzeria favorite. Par-delà les bureaux, les ordinateurs, les affiches vantant des aventures tropicales, vous voyez encore la pâte qui refroidit, la roulette posée à côté d'une demi-pizza, la carte de Sicile au mur. Rien n'a changé, je vous assure. L'homme qui vient de se payer un voyage en Jamaïque, lui, n'en voit rien, il ne voit que son escapade romantique, ses vacances en famille, tout ce que lui offre ce petit commerce dans cette petite rue. La pizzeria disparue est là parce que vous êtes là, et quand le salon de beauté remplacera l'agence de voyages le monsieur en question n'aura pas perdu pour autant ses vacances. Et la dame aura droit à sa manucure.

Vous suffoquez en constatant que le vieux café est devenu une supérette générique, l'endroit où vous avez embrassé Untel pour la première fois une solderie d'électronique, celui où vous avez acheté votre blouson un tas de gravats derrière une palissade en contreplaqué bleu et un futur immeuble de bureaux. Votre ville a subi des dégâts. Vous dites : c'est arrivé du jour au lendemain. Mais bien sûr, ce n'est pas vrai. Votre pizzeria, votre cireur de chaussures, votre chapelier : quand ils étaient là, vous les négligiez. Si ça se trouve, l'endroit a fermé quelques minutes après votre dernier passage. (Il y a combien de temps ? Dix mois ? Six ans ? Quinze ? Vous avez oublié, avouez.)

Et cinq boutiques se sont succédé là avant l'agence de voyages. Cinq quartiers différents qui vont et viennent entre autrefois et aujourd'hui : autant d'autres villes, autant d'autres gens. Ou bien quinze, vingt-cinq, cent quartiers différents. Des milliers de gens passent chaque jour devant cette vitrine, et chacun d'entre eux hante les rues de son New York personnel, et aucun d'entre eux ne voit la même chose.

Impossible de faire ses adieux dignement. C'était votre dernier trajet dans un taxi à damier, et personne ne vous a prévenu. C'était la dernière fois que vous alliez manger des crevettes Lake Tung Ting dans ce restaurant chinois vaguement louche, et vous ne vous doutiez de rien. Si vous aviez su, vous auriez peut-être fait irruption derrière le comptoir, serré la main à tout le monde, sorti l'appareil photo et ordonné au personnel de prendre la pose. Mais vous ne vous doutiez de rien. Il y a des points de bascule méconnus, un nombre fini de fois où l'on déverrouille la porte d'un appartement. Et à un certain moment, vous vous êtes trouvé plus près de la dernière fois que de la première, et vous ne le saviez pas. Vous ne saviez pas que, chaque fois que vous franchissiez ce seuil, vous lui disiez adieu.

Je n'ai jamais eu l'occasion de dire adieu à certains de mes anciens immeubles. Quelques-uns où j'ai vécu, d'autres qui faisaient partie d'un paysage que je croyais éternel. Et ils n'ont jamais eu l'occasion de me dire adieu. J'aime à croire que c'est malgré eux : je refuse de croire à leur indifférence. Vous prétendez bien connaître ces rues ? La ville vous connaît mieux que quiconque, car elle vous a vu quand vous êtes seul. Elle vous a vu vous blinder pour l'entretien d'embauche, rentrer tard, d'un pas lent, après le rendez-vous amoureux, trébucher sur des obstacles imaginaires du trottoir. Elle vous a vu vous crisper quand l'unique goutte glaciale est tombée du climatiseur du douzième étage et ne vous a pas raté. Elle a vu votre expression ébahie quand vous êtes sorti d'une séance d'après-midi buissonnière, stupéfait qu'il fasse encore jour après un film aussi long. Elle vous a vu remonter la rue, presque en courant, après avoir reçu les clefs de votre premier appartement. La ville a vu tout ça. Et elle s'en souvient.

Pensez à tout ce que pourraient raconter vos anciens appartements s'ils se réunissaient pour échanger leurs souvenirs. Ils pourraient reconstituer le début et la fin de vos histoires d'amour, se plaindre de votre garde-robe et de vos goûts musicaux, cancaner sur votre identité d'après minuit. Le 7 J dit : Voilà donc ce qui est arrivé à Lucy ; je savais que ça ne pouvait pas marcher. Vous avez commencé le yoga, laissé tomber le yoga, tenté diverses thérapies. Vous avez essayé diverses personnalités avant de vous en débarrasser, ce qui rend vos vieux apparts mélancoliques : pourquoi faut-il que les choses changent ? Le 3 R lance : Alors vous, c'est le saxophone ; moi, quand je l'ai connu, il jouait de la guitare. Ayez un peu de tendresse pour vos anciens appartements, et recueillez-vous un instant quand vous passez devant. Rendez-leur hommage, car ce sont les gardiens de vos réinventions.

Nos rues sont des calendriers renfermant ceux que nous étions et ceux que nous serons. C'est nous-mêmes que nous voyons dans cette ville chaque jour en arpentant le trottoir, en apercevant notre reflet dans les vitrines, c'est nous-mêmes que nous recherchons dans cette ville chaque fois que nous l'évoquons telle qu'elle était il y a quinze, dix, quarante ans, car tous nos anciens repaires sont la preuve qu'on a vécu. Un jour, la ville que nous avons bâtie aura disparu, et quand elle disparaît c'est nous qui disparaissons. Quand les immeubles s'effondrent, c'est nous qui tombons en ruine.

Peut-être qu'on devient new-yorkais le jour où on comprend que New York continuera sans nous. Pour différer l'inévitable, nous essayons de maintenir la ville en place, de nous la remémorer telle qu'elle était, de lui faire subir ce que jamais nous n'accepterions de subir. Le gamin de la ligne 1 du métro, direction nord, la bizute débarquant à Grand Central, le crétin au carrefour incapable de se repérer : tous ces gens ne sont plus, ils ont cessé d'exister depuis deux ou trois appartements, et c'est très bien comme ça. New York ne nous tient pas rigueur de nos précédentes identités. Nous devrions peut-être l'imiter.

Nos anciens immeubles restent debout car nous les avons vus, nous avons évolué dans leur ombre portée avant de la quitter, nous avons eu la chance de les fréquenter quelque temps. Ils font partie de la ville que nous portons en nous. On a du mal à imaginer que quelque chose puisse les remplacer, mais en ce moment même les personnes compétentes réfléchissent déjà à la meilleure manière de combler les trous. Les bétonneuses vont s'avancer et faire la danse du ventre, les marteaux-piqueurs vont crépiter, et dans quelque temps les cartes postales du nouveau paysage urbain seront disponibles à la vente. Naturellement, nous lancerons un regard méfiant à ces nouveaux venus, mais un peu de patience, pas de jugements hâtifs. Nous aussi, jadis, nous avons été des nouveaux venus.

Ce qui va suivre, c'est ma ville. Ce qui fait de ce livre un guide, avec des cartes en couleurs bien pratiques pour se repérer, et des notes en bas de page qu'il faudra lire attentivement pour éviter les mauvaises surprises. Ce guide contient vos quartiers. Ou peut-être pas. Nous nous recouperons. Ou peut-être pas. Peut-être que vous avez arpenté ces avenues, peut-être qu'elles vous sont aussi étrangères que le New Jersey. Je ne sais pas trop quoi dire. Sinon qu'on est sans doute voisins. Qu'on se croise tous les jours et qu'on ne s'en doutait même pas.

GARE ROUTIÈRE

Ils sont tous plus ou moins défaits, avachis, lorsqu'ils descendent du car. Sinon, ils seraient venus par un autre moyen. Pas de paparazzi guettant leur arrivée. Pas de barrières pour contenir la foule des admirateurs. Ici, après tout, c'est l'entrée de service.

Le débarquement sur le parking est un non-événement. Un homme à bésicles note l'heure d'arrivée. Le bagagiste souffle dans ses paumes : chaque arrivée le rapproche de la fin de son service. Des milliers d'arrivants chaque jour, on n'en voit jamais le bout. Des gens différents, et pourtant tous pareils. Ils essaient bien d'arborer des visages différents, mais c'est peine perdue. Ils descendent les marches rainurées, cramponnés à leurs affaires, et le bagagiste extirpe valises et sacs de la soute en tâtant les poignées. Ils s'excitent, se bousculent, des fois que quelqu'un leur vole leurs bagages. Ils ont tous entendu ce genre d'histoires. L'un d'entre eux a un cousin qui est venu ici un jour et qui s'est fait agresser : victime de la violence urbaine. Il a dû se faire envoyer un mandat pour pouvoir rentrer chez lui, et depuis lors le clan n'a plus remis les pieds à New York. Il y a ce truc qu'on appelle le bonneteau et qui est prêt à vous sauter dessus. Ils ont tous entendu ce genre d'histoires, et ils sont tous venus quand même. Les bagages tombent lourdement sur le béton et sont emportés.

Quelle que soit leur ville d'origine, quelle que soit leur raison de glisser des billets par la vitre du guichet, dans le car ils se ressemblent tous. Ils montent. À côté du chauffeur, ils prennent leurs repères, fourrent leur reçu au fond d'une poche ou dans un sac. Il reste des places à l'arrière. Personne ne veut de voisin. On n'arrive jamais à monter le premier et à choisir son siège. Les gens ont tous des théories sur les sièges fenêtre et les sièges couloir, les endroits les plus sûrs en cas d'accident. Il ne se rend pas compte que son sac de couchage cogne toutes les têtes sur son passage. La place est prise ? demande-t-il, et son voisin le jauge. On se renfrogne volontiers. Il ne leur faut que cinq minutes pour s'installer inconfortablement. Si seulement elle pouvait respirer par la bouche pendant les deux mille prochains kilomètres. Elle essaie une technique. À l'arrêt suivant, les gens disposent des sacs et des blousons sur le siège libre à côté d'eux, et détournent les yeux ou font semblant de dormir quand les nouveaux pèlerins tentent de trouver une place.

Il n'y a pas grand-chose pour les occuper sur les autoroutes, sinon des présages intermittents. Une zone industrielle, les gratte-ciel confiants d'une ville plus petite que celle dont le nom figure sur leurs tickets déchirés. Les panneaux routiers égrènent le compte à rebours des kilomètres, parfois encourageants. Des créatures plus furtives se dérobent fébrilement aux phares pour éviter les regards. Pendant la traversée de trois États, la bouteille vide de jus de fruits roule d'un bout à l'autre du car entre chaussures et bagages. Personne n'en revendique la propriété. Les responsables font mine de ne rien entendre. C'est sûrement une perruque, là-bas, deux rangées plus haut. Ils essaient de nouvelles positions pour leurs jambes. Une relevée, l'autre plantée dans le repose-pieds. Les deux pieds au bord de l'allée, jusqu'à ce qu'au troisième passage quelqu'un finisse par trébucher. Il a de longues jambes, il mérite quelques privilèges. Le géant enfonce ses genoux dans le siège de devant, comme s'il tentait de s'introduire dans une cheminée. Elle a le seul siège qui ne s'incline pas. Le levier a été arraché, et chaque inclination de ses voisins réveille sa jalousie. Chaque nouvelle combinaison de membres est peut-être le sésame du confort puis du sommeil. En fait, les parties inutiles du corps s'endorment avant le cerveau. Les jambes, les pieds. À chaque frontière d'État, les plaques minéralogiques changent de couleur.

Une métamorphose affecte les sacs dans le porte-bagages. Quand on veut en extraire quelque chose, ils sont inexplicablement plus lourds, comme s'ils avaient profité de votre inattention pour se remplir. Les fermetures se coincent, béantes, dans un demi-sourire. Les imperfections les plus inoffensives de l'autoroute sont lourdes de conséquences. Le flacon de shampooing se débouche. Le shampooing suinte sur les vêtements, à la vitesse d'une goutte par kilomètre. L'odeur de shampooing filtre à travers la toile et rappelle à des rangées entières la douche qu'on leur refuse. Il s'endort contre la fenêtre et, à son réveil, remarque un nuage gris de gras, tel le creux sur un oreiller teinté. Elle croit avoir dormi longtemps, mais ça ne fait que dix minutes. On n'a pas beaucoup avancé.

Bénies soient les couvertures blanches pour appuie-tête, cette invention géniale qui nous protège des microbes. Brevet en cours. Sans la moindre gratitude, le bus laisse derrière lui l'usine qui les fabrique. Le type assis à côté refuse de comprendre. Elle a beau offrir des indices, baisser les yeux sur son livre, ne répondre que par hochements de tête et monosyllabes, il continue à jacasser. Elle finit par refermer le livre et se soumettre à sa logorrhée. S'il arrive à faire durer trois jours cette miche de pain, il lui restera neuf dollars et soixante-quinze *cents* à l'arrivée. Quelqu'un est en train de manger du poulet rôti, ça ne fait aucun doute. L'odeur de poulet rôti donne faim et des regrets aux rangées 8 à 15, jusqu'à ce que quelqu'un parvienne à ouvrir une fenêtre poisseuse. Le désodorisant des toilettes est un génie qu'on libère régulièrement de sa bouteille magique, mais il n'exauce plus de vœux. Retiens-toi le plus longtemps possible avant de te risquer dans cet endroit. Pendant quinze kilomètres d'autoroute, un homme examine son visage dans le miroir. Est-ce qu'il va vraiment prendre un nouveau départ dans un endroit neuf avec un visage pareil ? Si on survit au verdict du néon, on est de taille à affronter la grande ville. Il essaie de pisser sans éclabousser partout à chaque cahot. Et devient parfois sa propre victime. À travers le minuscule vasistas laissé ouvert pour l'aération, le monde n'est plus que flou. Les petites serviettes moites offrent une fraîcheur rassurante. Le verrou reprend la position LIBRE. Et puis vous regagnez en titubant un siège qui a rétréci en votre absence.

Le chauffeur est comme un prêtre, qui passe les vitesses pour assurer votre salut. Un espace blanc après les mots : Votre chauffeur s'appelle. De plus en plus souvent, il s'endort au volant pendant de longues secondes. Si vous lui demandez de monter le chauffage, il acceptera peut-être. Il conduit caché derrière ses lunettes noires d'aviateur. Il annonce un arrêt de dix minutes et les détenus s'égaillent dans la cour de la prison pour un peu d'exercice. Ils se bousculent pour grappiller un casse-croûte : c'est leur dernière chance, qui sait dans combien de kilomètres ils pourront remanger ? Elle reconnaît le type, là-bas : il est dans le même car, et il fume une cigarette. Tant qu'il est là, ça veut dire que le car n'est pas reparti. Contraints de faire un choix, certains préfèrent se nourrir plutôt qu'appeler leurs proches. Les pièces jaunes s'accumulent. La tension monte dans la file d'attente du fast-food : dix minutes, ça passe vite. Debout sur le parking, des frites chaudes à la main, voir s'éloigner la lueur rouge des feux arrière. Mieux vaut abandonner la mission. De retour au car, il y a encore largement le temps, et ils restent plantés là stupidement, sans oser faire de nouvelle tentative. Tout le monde a oublié les serviettes.

C'est la plus grande cachette du monde. Les inévitables fugueurs. Les amoureux trahis, qui viennent seulement de lire entre les lignes. Après le concours de beauté, c'est l'étape logique. C'est là que se trouvent toutes les grandes agences. Tout l'été il a économisé ses pourboires, et son cœur s'est accéléré en les voyant disparaître dans un ticket. Ce n'est pas le premier de la famille à tenter sa chance. La valise est celle que son père avait emportée, il y a plusieurs dizaines d'années. Cette fois, ce sera différent. L'autoroute bifurque. Là-bas, elle aura de l'esprit et de la classe. Avec un peu de chance, il n'aura pas changé d'adresse, et ça sera un sacré choc quand il ouvrira la porte, mais après tout c'est lui qui a dit : Si un jour tu es de passage. On espère, on rêve. À la lumière du brasier, elle a compris que c'était de la folie de rester ; au matin, elle avait fait ses bagages. Ils enverront de l'argent dès qu'ils seront installés, autant qu'ils pourront. Un pourcentage. Chacun revit ses au revoir. En s'entraînant à gommer son accent, elle regarde le reflet de sa mâchoire dans la vitre. Des voyelles s'échappent sournoisement. Personne ne connaîtra le surnom qu'il déteste tant. C'est la bonne décision, se disent-ils. Et puis il y a vous.

Ils refont le plein entre les villes, empruntant des bretelles de sortie pour trouver de l'essence. Oasis de diesel. Les chauffeurs se succèdent sans un adieu. Après tout ce qu'ils ont vécu ensemble. Qu'est-ce que ça représente, un passager, pour un chauffeur ? Apparemment, les gants en cuir ajourés font partie de l'uniforme. Il y a un chauffeur dont elle n'aura jamais vu le visage, seulement les épaules rassurantes. Le car se transforme dès qu'on ferme les yeux. Il arrive qu'on s'endorme, et quand on se réveille tout le monde a changé, toutes les coiffures, tous les crânes mémorisés accidentellement au fil des kilomètres ont subi une transmutation. Tout le monde est arrivé à destination et descendu du car, à part vous, et si ça se trouve tous ces nouveaux passagers arriveront à destination avant vous et il ne restera plus que vous, sur ce siège, solitaire insensé qui tient absolument à aller jusqu'au terminus. Un siège est occupé successivement par un bébé, un enfant et un adolescent, et le prochain occupant aura entre vingt et trente ans, on est prêt à le parier. Mais le temps se dérègle quand on voyage en car.

S'ils croient que ces deux mots, New York, vont changer leur vie, qui sommes-nous pour les démentir ? Ils ont tellement attendu de voir les gratte-ciel à l'horizon, mais ils ne se réveillent qu'à l'arrivée où, dans un dernier cahot, on les largue dans la crasse. La première déception les aidera à s'acclimater. Il fait toujours le même temps là-dedans. Qu'il fasse jour ou nuit dehors, soleil ou pluie, à l'intérieur de la gare routière la lumière est invariable, les mêmes rayons verdâtres et glauques. De fait, matin, midi ou soir, tout le monde arrive à la même heure, sous le même climat, ce qui leur permet de démarrer à égalité. Aux autres portes, des cars surgissent et s'éclipsent conformément à l'horaire. Ils rugissent. La flotte se reconstitue peu à peu. Les cars emmènent ceux qui doivent partir et ramènent leurs remplaçants, venus de tout le pays. Les remplaçants sont un peu hébétés par la longueur du trajet et toutes les menues brutalités. Rangée par rangée, ils attendent de se glisser dans l'allée. Elle trébuche sur son pied endormi. Il a envie de remercier le chauffeur, mais celui-ci, occupé à remplir sa feuille de route, ne lève même pas les yeux. Devant la soute à bagages, ils prennent ce qui leur appartient, changent la valise de main pour évaluer la meilleure manière d'affronter la prochaine étape du périple. Le corps penché d'un côté. Certains prennent leur respiration. La porte s'ouvre facilement, ils ne sont pas les premiers à la franchir, et ils pénètrent dans Port Authority.

MATIN

OFF 3Y66 DUTY

Le matin, les rues appartiennent aux livreurs de pain et aux bennes à ordures. Les agents de l'hygiène caracolent vers les trottoirs en quête de trouvailles, de trésors cachés, et hissent la mie mâchée et les miettes qu'ont laissées les livreurs de pain quelques jours plus tôt. On livre et on ramasse. Des gloutons de douze tonnes mastiquent le trottoir et rotent aux fenêtres en rafales mécaniques. On aurait bien besoin d'un coq. On n'a droit qu'à un cocorico hydraulique. Les meules de tabloïdes se dressent. Les poubelles vidées dérapent jusqu'à leurs points d'ancrage au coin des rues. Les commerçants relèvent les grilles métalliques qui protègent des cambrioleurs des marchandises indignes d'être volées. Tout ce grincement de métal, c'est la machine du matin qui déploie tous ses engrenages pour nous mobiliser et nous secouer. Un coup d'œil au réveil, pour vérifier le sommeil qu'il nous reste. Il y a encore le temps. En bas, ils livrent et ils ramassent. Nous avons tous des itinéraires à respecter pour faire tourner la ville.

Ô dieux, j'ai un tuyau pour vous. Si vous voulez convertir les infidèles, attirer les athées, rebaptisez-vous Snooze. Une divinité facilement accessible, à portée de main, une prière que prononcent spontanément les doigts, sinon les lèvres. Comme les vrais dieux, elle donne aux croyants ce qu'ils avaient déjà et conquiert leurs cœurs en sonnant l'alarme. Torture exquise du bouton Snooze. On tord l'oreiller pour en extraire les minutes, le rembourrage. Bouées de sauvetage stockées dans l'armoire à linge. Cinq minutes de plus suffiraient peut-être à retrouver ce rêve, celui où on était loin, où on était heureux. C'était bon, c'était vrai, et ça s'est interrompu avant le meilleur moment. On y était presque, et puis bip bip bip. En vrai dieu, Snooze excelle à dispenser le paradis au compte-gouttes.

À l'attaque. On tâtonne et on revit. On allume les appareils, la lampe et la cafetière, la radio et la télé. On écoute les infos : pendant qu'on était à l'abri, le monde a peut-être perdu la tête. On se laisse tapoter affectueusement par ces voix réconfortantes jusqu'à ce qu'on soit prêt. On regarde par la fenêtre et on se retrouve à la morgue : un drap blanc recouvre notre malheureuse amie. Il a donc neigé cette nuit. Dès qu'on détourne les yeux, la ville nous joue des tours. Pendant qu'on dort, elle nous fait des canulars : ça forme le caractère. Il est où, ce bon vieux pull ? Il nous tiendra chaud. Avec un peu de chance, personne ne remarquera qu'il est plein de trous.

On affronte la journée bien armé, à coups d'infos utiles offertes par les journaux du matin. Un incident infime dégénérera peut-être en scandale croustillant : on croise les doigts. C'est l'anniversaire de gens qui possèdent un secret occulte de longévité. On aurait bien besoin d'un graphique, d'un présentateur solennel et d'un titre lourd de promesses pour cette nouvelle phase de nos vies, mais aucun technicien ne s'affaire à nous les fournir. On vérifie la météo : il y a un petit soleil de dessin animé au-dessus d'une région où on n'habite pas. Voici le repas le plus important de la journée : faire admettre à ses tripes ce qui se trouve à la porte. Aïe. Pas de café. Pas de lait. Pas de chance. Encore en retard. On se fait porter pâle, ou peut-être pas. Un coup d'œil au miroir de la salle de bains suffit à prouver que le grand projet de remise en forme d'hier soir s'est transformé en fiasco du matin. C'est tellement agréable de se réveiller au contact de la hanche de son conjoint, et puis on se rappelle la dispute d'hier soir et on décrète qu'on est toujours fâché. On oublie que quand on fait l'impasse sur la douche on est parano toute la journée.

Si on porte son gri-gri, tout ira bien. Si seulement on avait fait la lessive, on n'en serait pas là. On regrette, on recycle, on rassemble. Bénie soit cette réserve secrète de chaussettes assorties. Son eau de toilette s'appelle Panier à linge, recommandé par quatre effluves sur cinq. Trahison. Non pas unique mais répétée. Ce matin, tout conspire contre. Abandonnée par un réveil en panne, narguée par le travail laissé en plan hier soir, et maintenant la neige. Cette attaque soigneusement planifiée contre l'équilibre mental ne cessera qu'à minuit, lorsque le sortilège sera rompu. Pas une horloge pour offrir un mot d'encouragement, pas même celle du micro-ondes, célèbre pour ses accélérations. On est rodés à réagir aux premières neiges, aux premiers froids. On connaît nos rôles par cœur.

Un petit bisou à ceux qu'on aime. On n'a pas envie de savoir ce qui se passe dans l'appartement quand on n'est pas là. Avant de franchir le seuil, il doit réciter le mantra qui l'endurcit. La porte se verrouille derrière soi, et on sort dans le froid du matin. Le vent est un critique sévère, renommé pour ses pointes sardoniques, mais pour une fois c'est agréable d'échapper à la politesse, de recevoir le monde sans apprêts trompeurs pour dorer la pilule. Sans les conneries du style : Aujourd'hui est le premier jour du reste de ta vie. Les objets extérieurs sont emmitouflés dans un manteau blanc. On boutonne le bouton du haut, celui des cas d'urgence, on fourre les poings dans les poches. La neige est déjà humiliée et avilie : il ne faut pas plus de cinq minutes à cette ville pour vous briser. Des créatures canines ajoutent du pigment à l'entassement : autant de boules de neige sauvées des mains gantées. En fondant, la neige exhumera les crottes de chien, mais aucun archéologue ne se précipitera pour les inventorier. Des puces de sel font fuir la neige. Les gardiens d'immeubles déblaient les allées enneigées pour décourager les poursuites judiciaires. Le long des murs et des trottoirs, canalisée par les pelles et le vent, la neige se blottit pour avoir plus chaud. Serrez les rangs, serrez les coudes. Nous n'avons guère que notre nombre pour nous protéger.

Une foule bigarrée attend les transports. Selon qu'on part de chez soi un quart d'heure plus tôt ou plus tard, le casting est complètement différent. Voici une troupe toute nouvelle, au répertoire inconnu. Il faut minuter soigneusement son arrivée à l'arrêt de bus pour apercevoir l'objet de ses fantasmes. Lequel a déménagé il y a deux semaines sans prévenir, mais il faut entretenir la flamme, fidèle adorateur. On a oublié quelque chose là-haut et on calcule. Amère coalition des forçats du labeur. Arborant le drapeau de leur pays natal. Sa journée est commencée depuis à peine une heure qu'elle s'affaisse, déjà vaincue. Les lunettes givrées s'embuent. Le bus passe les points de repère : chacun a les siens, secrets, visibles à tous. Il aperçoit par la fenêtre cet auvent qui annonce qu'il est presque arrivé. Atteindrez-vous la porte à temps ? Pardon, excusez-moi, y a pas le feu. Il a chronométré son parcours à la seconde près, et aujourd'hui ils ont plusieurs minutes de décalage et tout va de travers.

Un chemin dans la neige. C'est plus facile en marchant dans les pas d'autrui : nous reconstituons mutuellement notre parcours. Pas de chansons ni de statues pour ces premiers pionniers, rien que la trace de leur passage. Chaque pas hésitant vous renvoie aux risques de la citoyenneté. Et le matin devient un texte de référence, un manuel de survie dans l'adversité. Les morts gelés attendent qu'on les remarque. Ils passent à côté de lui, en le voyant ou sans le voir, aveugles ou indifférents. Évitez la gadoue et ses connotations. Des forces conspirent contre vous pour faire fondre vos bonnes résolutions et les réduire en gadoue. Partir du mauvais pied. Comme si on n'était pas déjà bien réveillé, bien ébranlé. La neige fondue dégouline des gouttières. Pas de neige sur les grilles de la chaussée. Dans la chaleur atroce qui s'élève d'en dessous, comment ne pas fondre ? Les superstitieux et les simples prudents évitent de marcher sur ces portes d'acier qui évoquent les enfers. La rumeur parle de gens tombés dans les profondeurs invisibles. Des trolls, des lutins, les SDF. L'acier vibre sous ses pas téméraires et la met en garde. Le matin et ses trappes ont de quoi vous tuer.

Les jupes s'ébouriffent, les chapeaux s'élancent, les yeux s'escarbillent sous l'effet du courant d'air. Les choses s'envolent. Les mains plaquent. La détermination s'installe. Ce vent est capable de vous dépouiller, de vous rendre ridicule alors même que vous tentez de vous maintenir. C'est à cause de ces grands immeubles, plaisantins architecturaux. De l'ombre en été, de la cruauté en hiver, et à vrai dire c'est leur saison préférée. On se tape les doigts contre les cuisses pour les réchauffer sous le choc, et tant pis pour les oreilles. Mémo personnel : Acheter des gants. Les vendeurs de journaux et de muffins hantent les coins de rue qu'ils ont accaparés. La même phrase pour chaque client. On se rappelle ce que vous aimez tartiner sur votre bagel, adoubement qui fait de vous un habitué, et vous confère des privilèges. Un café noir pour moi. Des surprises gluantes au fond du gobelet, des dunes de sucre récalcitrant. Tout son lot de couvercles est défectueux, ce qui irrite les clients l'un après l'autre. Deux gouttes de caoua sur la chemise suffisent à faire de la journée une catastrophe. Le pouls s'accélère, filtrant la conscience goutte à goutte. Il lui faudra trois tasses pour retrouver figure humaine. En attendant, il jouera l'homme des cavernes.

Les gros titres tentent de s'insinuer en vous, l'encre sale de s'étaler sur vous. On se débat avec la presse, au corps à corps. Si seulement il connaissait l'étiquette régissant le pliage du journal dans les transports. Si seulement mon double robotique était en état de marche, je l'enverrais au bureau à ma place. D'ailleurs, ils le préfèrent à moi. Pardessus l'épaule de cet inconnu, l'astrologue du magazine est un ami intime. Il a l'air ridicule dans ce costume, mais c'est le seul qu'il possède, et il peut masquer les manches trop courtes par une posture d'illusionniste. Trop gros pour son pantalon : penser à suivre le régime d'amaigrissement dont tout le monde parle. Sur sa taille enflée, le piton de la fermeture Éclair se tient au garde-à-vous. On découvre le sabotage perpétré au pressing, on cherche un moyen de dissimuler cette trahison durant la longue journée qui s'annonce. Ce sont les petits détails comme ça qui ruinent une carrière. Le bouton est apparu sur sa joue sans crier gare, et aujourd'hui personne n'osera la regarder dans les yeux. Vous avez remarqué votre première ride dans le miroir de la salle de bains, c'est pour ça que vous êtes en retard. Pas le temps d'acheter les crèmes tant vantées. D'abord la neige, et maintenant ce blizzard intime. Oubliez ce que dit le calendrier : c'est à ces signes implacables que l'on voit changer les saisons.

La nuit dernière pèse sur le ciel du matin, un temps que les météorologues sont incapables de décrire, faute d'instruments adaptés. On essaie d'interpréter cette nuit de passion. On essaie de déchiffrer ce qui s'est passé cette nuit : cette fois, on fera en sorte que notre couple marche, malgré les précédents. On est le seul expert dans le domaine de soi-même, sans mentor ni collègues. Il a gardé son odeur, il la sent encore sur sa peau. Après le travail et avant le sommeil, on a laissé s'échapper son vrai moi pendant quelques heures, et maintenant on va le payer. Comment ils s'appelaient, qu'est-ce qu'il faut en penser ? Telle est la portée de la *happy hour* et de ses mains trompeusement longues. Quelqu'un attend sûrement des excuses. On n'est pas rentré chez soi. Peut-être que personne ne remarquera qu'elle porte les mêmes vêtements qu'hier. Personne ne fait allusion à ces marques bizarres sur son cou, et une fois à la maison il maudira chacun de ses collègues de ne rien lui avoir dit. De quoi on va pouvoir parler devant l'hypothétique fontaine ou la fidèle machine à café ? Si on ne prépare rien à l'avance, voilà ce qu'on sera : un idiot parmi d'autres, avec son gobelet à la main. Gueule de bois. Est-ce que je pue, est-ce que cette horreur émane de mes pores. On se renifle discrètement. Ils ont tous quelque chose qui ne demande qu'à suinter. Une inadaptation jamais digérée, la terreur, l'espoir, même si personne ne leur a dit que ce dernier n'a pas d'odeur.

Haut les cœurs. On croise la brigade de nuit qui a fini son service. Ils connaissent déjà l'état du front, mais ne peuvent pas le décrire, sans quoi vous regagneriez votre bunker à toutes jambes. Ne négligeons pas les enfants, car eux aussi bravent le champ de mines. Malgré leurs petits pieds, ils ne sont pas à l'abri d'une catastrophe. Les mitaines attachées aux manches. La carte de bus brandie et froissée. On cache un jouet dans sa poche. Il n'est pas censé l'emporter à l'école, mais qui contestera le pouvoir des talismans qu'on trouve dans les paquets de céréales ? On inculque aux gamins la réalité du monde du travail à coups de menaces basiques. S'ils savaient que ce sera toujours comme ça, ils se révolteraient, se rendormiraient sur-le-champ, se coucheraient dans le bus, s'affaleraient sur le trottoir. La seule réaction raisonnable, en vérité.

Allez, à vos places. Faut faire marcher la machine. On livre et on ramasse. Chaque jour on paie un acompte. Il faut lire toutes les clauses du contrat pendant qu'il est encore temps. Répéter son speech pour le grand projet. Trouver des corvées aux stagiaires. Réviser l'examen. Et après toute cette peur, le patron n'est pas là, le prof est malade, et à la place de nos appréhensions on tombe sur des remplaçants crédules. Et cette découverte arrache à nos lèvres réticentes le premier sourire du jour. Toute cette prise de tête pour rien, se dit-on, mais en fait c'était un acompte. L'une après l'autre, les longues journées s'étendent devant nous jusqu'au jour décisif. Pas aujourd'hui. Peut-être demain. Vous avez cinq secondes pour reprendre vos esprits. Top ! Et ensuite, au travail, tout le monde, et pas d'histoires.

CENTRAL PARK

Le premier jour de printemps, en quête d'antidote, ils veulent tous aller au parc, sans se rendre compte de l'impératif biologique. Tout le monde a la même idée. Après tout, ça fait un bail. Pendant de longs mois ils ont attendu ça, ils ont bravé la gadoue et porté des gros pulls. Alors ça craque en eux, une brindille sous le pied : le Parc. Le seul endroit qu'on a oublié de bitumer. Mais ça viendra. Patience.

On va par là ou par là ? Le soit-soit fondamental de chaque jour est littéralisé dans le ciment : un sentier qui bifurque. On débat et on délibère avant de s'engager arbitrairement. Quelques minutes ont suffi pour figer l'après-midi à tout jamais. Tout un monde de possibilités anéanti par cette erreur initiale. Les gens portent leur tee-shirt de premier jour de printemps, le classique inusable de leur garde-robe dépareillée. Le ressentiment emplit l'âme des habitués. Qui sont ces sauvages. Tous les après-midi, elle claudique jusqu'à ce banc avec son trésor de miettes de pain. Son rayon d'action est audible : tous ces pigeons qui approchent en sautillant. Tous les soirs, il fait la même promenade jusqu'au même arbre, rien que pour s'assurer qu'il est encore là. C'est la seule chose stable dans sa vie. Et voilà qu'arrivent ces païens avec leurs bouteilles d'eau, et regarde-moi ce spécimen assis à ma place favorite.

Où s'asseoir, où s'asseoir. Tout notre avenir dépend de ce choix. Les inconnus pullulent, apportant leurs coutumes. Un homme et une femme prennent la pose sur des bancs opposés ; tour à tour, chacun surprend l'autre à le dévisager. Il suffit de si peu pour faire les suppositions les plus extravagantes. Ainsi va la romance du banc public. Personne ne prend l'initiative. Sous le soleil, les minutes s'étirent jusqu'à ce qu'elle se lève pour partir. De toute façon, ça n'aurait jamais marché. Des hommes tout rabougris ont calculé que le temps moyen passé sur un banc public est de dix-sept minutes. Voilà où passe l'argent du contribuable. Dans leurs véhicules verts, les agents du service des parcs et jardins assurent l'ordre public. Ils connaissent les meilleurs endroits où faire une petite sieste quand leurs chefs partent déjeuner. Pelouse interdite. Zone provisoirement fermée. Réouverture prévue il y a trois semaines et un jour. Une petite fille dessine à la craie une marelle, une autre la vierge Marie. La pluie finira par effacer tout ça du ciment agnostique. Quelques canards. Il n'a vraiment pas les bonnes chaussures. Souriez, tout le monde, souriez.

Attention aux chevaux et à leur sillage de crottin. Attention aux humains à roulettes. Des domestiques fidèles poussent des héritières en fauteuil roulant. Des yuppies en rollers tentent d'éliminer les calories du brunch. Il y a toujours un connard en monocycle. Un yogi exhibe ses pouvoirs surnaturels et des mimes en congé se montrent intarissables. Dans les airs, des ballons circulent, des frisbees ondulent, des insultes se modulent. Il y a des choses qu'on attrape plus facilement que d'autres. La bande de skaters explose autour de lui, puis s'envole comme une gerbe d'étincelles. Alors on s'allonge. À plat dos sur l'herbe. Un bleu tellement intense. À quoi tu penses. À rien. Elle appelle ce talus la Colline des Cœurs brisés parce qu'il mérite bien ce nom. Pendant trois ans, coupé de son époque, il a étudié les arts martiaux séculaires pour pouvoir se ridiculiser en s'entraînant en public. Des hommes morts depuis longtemps ont dynamité des rochers pour défaire l'œuvre des glaces, mais il reste quelques vestiges têtus, qui refusent d'abandonner le terrain. En les escaladant, les enfants se retrouvent sur la lune. C'est de l'authentique schiste de Manhattan. Méfiez-vous des imitations. Il erre à la recherche du temps perdu. L'arbre où il grimpait avec son frère n'est plus aussi haut, et des gamins ont cassé les branches qui lui servaient d'échelons. Il grimpe quand même. Treize points de suture.

On ignore souvent que des gens sont enterrés ici, mais seuls les assassins connaissent l'endroit exact. Un truc humide et invisible par terre : voilà un écureuil mort. Tant pis pour le pique-nique. Des rencontres au sommet, assis en tailleur. Bienvenue sur la Côte d'Azur. D'aucuns ont commis une fatale erreur en matière de short. Le mec assis à l'indienne a les couilles à l'air ; quant à elle, elle devrait songer à s'épiler avant de sortir comme ça. Des buissons, des haies, de sombres taillis. N'allez pas trop loin, les enfants, ce sont des zones réservées aux ébats furtifs. Et si on se faisait un petit ébat furtif, qu'est-ce que t'en dis ? Touche pas, tu vas attraper la rage. Tâte-le d'abord avec un bâton.

Le célèbre photographe rôde ici pour saisir ses proies sur le vif et les victimes se prêtent au jeu. Dans plusieurs années, elle se verra exposée dans une galerie et se demandera pourquoi elle pleurait. Il lui effleure le bras en disant : Je veux seulement te rendre heureuse. Oh. À cet endroit précis, il y a quelques jours, des gamins ont baisé sous les yeux des heureux propriétaires de balcons. On constate un essor inévitable des ventes de jumelles à cette période de l'année. L'horloge numérique géante, en haut du siège de la multinationale, leur rappelle l'imminence du couvre-feu. Il dit : Regarde cette fenêtre, en la montrant du doigt. Non, celle-là. C'est là que j'habitais, avant. Les nouveaux occupants pavoisent et plastronnent derrière les vitres teintées. La tranche des livres de poche se plie, se casse. Des chiens escaladent des jambes. Quelques hippies, parmi les moins doués, entament une gigue.

C'est le royaume des dents cassées, des genoux écorchés, des éclats de verre. Et lui, grâce à son problème d'hormones, il règne sur le bac à sable, il vole les jouets, il accapare le toboggan. Sa mère fait mine de ne rien remarquer et sort de son sac l'article sur le nouveau médicament. On complote près de l'arbre à singes : les jumeaux en chemise rayée ourdissent un coup d'État. Les parents cancanent sur les bancs. Vous voyez, c'est de famille. On raconte que c'est ici qu'elle a rencontré son nouveau mari ; leurs gamins se disputaient dans la cabane en haut de l'arbre, leurs yeux se rencontrèrent, ce fut le coup de foudre. Où est passée sa bouteille. Qu'est-ce que c'est que ce bruit. La balançoire couine, diapason pour gargouille. La chaleur a rendu la mayo transparente. Sous les petits ponts de pierre, les trolls sont invisibles. Il croyait que ce chemin le mènerait vers la sortie, mais il n'a fait que s'en éloigner davantage. Et puis la malveillance spectaculaire d'un nuage. Vous le voyez ramper au-dessus d'une clairière, et soudain il vous frappe. Si froid, si brusque. Comme un ami.

Il y a tellement de gens qui courent. À croire qu'ils sont poursuivis. Oui, chacun est poursuivi par un monstre différent, qui peu à peu gagne du terrain. Elle se sent bien, elle se sent en forme. Les gens enlèvent des épaisseurs une par une à mesure qu'ils s'enfoncent dans le parc. Leur pull n'arrête pas de glisser de leur taille, quel que soit le nœud choisi. La foulée harmonieuse du couple de joggers ne laisse pas présager que, lorsqu'elle aura avoué son secret, il s'arrêtera, se penchera et plaquera les mains sur les genoux. Comme certains de ces arbres, certains malheurs d'aujourd'hui sont toujours verts. D'autres bientôt caducs. C'est la dixième fois qu'il tente de s'intégrer à la grande communauté des joggers. Cette fois, ça va marcher, il arbore la bonne tenue. On halète, on suffoque. C'est encore loin ? Un réservoir de quoi ? Des petits engins permettent de mesurer tous ces kilomètres incestueux.

Si on déroulait la pelote de ces tours de piste, on obtiendrait un marathon. C'est sa meilleure performance à ce jour, il ne fera jamais aussi bien. S'il avait su, il l'aurait gardée en réserve pour une autre fois, après une dure journée de bureau ou une dispute conjugale. Au lieu de quoi, il n'a que des taches de sueur à commémorer. Un converti de fraîche date s'écrie : Désormais, je vais venir ici tous les jours. C'est tellement rafraîchissant.

Ce qu'il nous faudrait, c'est des glaces à l'eau. S'ils avaient pu prévoir qu'il ferait aussi chaud, les vendeurs auraient fait des provisions. La limonade est tiède, mais on va pas se plaindre. On va se mettre à l'ombre. Des idiots barbotent dans les fontaines. Leur famille a l'air plus heureuse que la vôtre. C'est ici qu'ils sont venus pour leur premier rendez-vous, alors il l'entraîne vers ce bosquet en espérant qu'elle comprendra son erreur. Elle regarde sa montre. Le soleil achoppe sur le verre et le métal. Je suis content qu'on soit venus, mais là, je suis fatigué. Ce n'est pas vraiment un raccourci de couper à travers le parc, car il y a des endroits qu'il ne peut pas traverser, il y a des barrières, et faute de chemin direct il n'arrivera jamais à temps à la surprise-partie. Derrière le rocher, ils fument un joint. La prochaine fois, essaie de mettre moins de salive. Pour un devoir de biologie, il ramasse des feuilles et des brindilles à examiner au microscope. Emportant des petits morceaux du parc. Il faut sûrement une autorisation.

On y trouve des oiseaux, et un taux constant de collision entre humains et guano. On y trouve des saules pleureurs. Ils me rappellent moi. On y trouve des étangs. Les gens ne s'y voient pas et décrètent que l'eau est croupie, mais en fait ces étangs sont de parfaits miroirs. Belle journée pour un caricaturiste : tout le monde a pensé à apporter sa trogne. Des croquis sans méchanceté seront oubliés sous les bancs et les sièges de bus. Les plus féroces provoqueront des changements de coiffure. J'ai vraiment un si gros nez ? La peau, occultée tout l'hiver, est un peu rouillée. Est-ce que j'ai toujours eu ce grain de beauté, et si oui, est-ce qu'il grossit ? Ses manches longues si voyantes dissimulent des marques d'hésitation, souvenirs d'un été malheureux. Il y a la queue à la fontaine, c'est trop long. Les robinets surpuissants inondent les visages. Il court en encourageant son cerf-volant à tue-tête. Belle journée pour faire du cerf-volant. Un jour, j'ai essayé en plein Broadway : quel fiasco. Le gamin se met à tourner comme une toupie pour attraper le vertige et marcher bizarrement. Remonte ta culotte, ma fille. Il dit : J'aimerais tellement qu'on ait des enfants, et elle entend le reproche dans sa voix. Il ne vient jamais ici, alors qu'il n'habite qu'à deux rues de distance, et maintenant qu'il s'est forcé à prendre le soleil ça lui paraît toujours aussi horrible. Il est trop mignon, ce petit chien. Les philosophes d'antan l'avaient bien dit : promener son chien, y a rien de tel pour draguer les filles. Nulle part en particulier. Juste un tour d'horizon.

De la verdure. Pendant de longues minutes, c'est comme si vous viviez ailleurs. Et ça fait quel effet. L'effet d'avoir le choix. Et puis un gratte-ciel pointe sa tête de brute à l'ouest, puis un autre, puis toute une bande à l'est, et brusquement, sortez les mains en l'air, vous êtes cernés.

Encerclés par un régiment. Une armée sans égale. Si on s'aventure trop près du bord, on comprend vite, sous l'œil réprobateur des édifices. Pas encore. Elle continue de s'enfoncer.

Le banc qu'elle choisit se révèle être le lieu privilégié des spectacles de danse. Danseurs et musiciens élisent domicile dans un endroit propice en fonction de leur sous-culture. Au début, il n'y a qu'elle et eux, mais bientôt les percussions attirent des promeneurs, un couple, puis dix, et enfin des cercles humains qui ondulent. Les retardataires veulent savoir ce qui se passe. Je suis déjà en retard. Les gens ne peuvent pas s'en empêcher, ils tapent du pied, ils claquent des doigts. Après d'insondables répétitions en sous-sol, les danseurs connaissent leur numéro à fond. Regardez-moi ça. Rassemblés en cet instant, dans un parc, en ce premier jour de printemps. Une communauté. Vous vous rendez compte, dans une grande ville ! Ça nous ramène à un temps d'avant l'urbanisme et le béton armé, une seule tribu, la voix des tambours. Impossible à planifier. Chacun sait qu'il faut conserver précieusement cette sensation, car bientôt ça se dégradera, comme d'habitude, et on essaie de préserver ça et puis tout s'arrête. Des billets et des pièces emplissent le petit panier. Les radins détournent les yeux, et tout le monde s'achemine vers une autre oasis passagère. Il ne s'est rien passé. Sauf pour elle sur ce banc. Elle s'étire. Quelle belle journée.

D'un seul coup, ils veulent tous rentrer. Question de lumière. Tout le monde sait comment plier une couverture. Les citoyens responsables font le ménage, récupèrent des vestiges d'eux-mêmes parmi les brins d'herbe. Tout ce qu'on a pu apporter ici, on doit le remporter. Tout ce qu'on a pu trouver ici, on doit le laisser : ça ne peut pas exister dehors. Les gens entendent la rue à mesure qu'ils se rapprochent de la rue et se remémorent les règles. C'est une grande ville affamée, mais voilà qui les rassure : ils n'ont pas oublié les règles. En voyant le petit bonhomme rouge au passage pour piétons, il reprend ses esprits, il sait qu'il a un dîner en ville. Il soupire. Je suis content que ça soit fini.

MÉTRO

Subway

Après l'escalier, les tourniquets basculent et les plans s'échafaudent : où attendre, où se poster. Difficile d'échapper au soupçon que votre métro vient de partir, que son dernier crissement a été absorbé à l'instant même où on atteignait le quai, et que si on avait agi autrement tout irait mieux. On aurait dû partir plus tôt, passer moins de temps à se pomponner. Changements de programme : prendre un taxi, choper un bus, y aller à pince. Non, c'est trop loin et le métro va arriver. Il va forcément arriver. Sinon, qu'est-ce qu'on ferait là à attendre.

C'est le voyage dans les profondeurs dont parlent les légendes, braves gens, et le pire est encore à venir. Sur le quai d'en face, l'herbe est plus verte, les rames se succèdent à ne plus savoir qu'en faire. Depuis sa cabine secrète, le responsable des annonces effraie et rassure tour à tour. Sur le quai, les postures s'affaissent ou se raidissent en conséquence. Un compteur mesure le niveau de parasites. À quoi ressemblent leurs appartements, ces hommes qui parlent au micro ? Un jour, les indélicatesses fiscales du syndicat des annonceurs du métro seront dévoilées au grand jour et c'en sera fini des bains à remous et du homard, mais en attendant ils sablent le champagne. Si on regarde encore une fois dans le tunnel, on sera l'illustration vivante d'un trouble psychiatrique. C'est contagieux. Ils se relaient pour scruter les ténèbres, et le quai est une horloge : plus il y a de gens figés comme des statues, plus il s'est écoulé de temps depuis la dernière rame. Les gens dégringolent d'en haut et atterrissent dans les dunes du sablier. Ils s'amassent comme les secondes.

Il y a une culture des quais et une culture de l'entre-deux-stations. Sur le quai, on élabore des stratégies selon où il y aura des places quand les portes s'ouvriront, où on veut se trouver au moment de descendre, comment déjouer les ennemis imprévus. Il y a tellement de paramètres : tout le monde est docteur en mathématiques. Attendez. Regardez-la, avec ses oreilles d'éléphant. Est-ce qu'elle sait quelque chose qu'on ne sait pas, elle se rapproche du bord, et puis lui aussi entend le rugissement. Le troupeau tremble, le lion rôde, les instincts se raniment. Les mâchoires s'écartent et les gens pénètrent dans la gueule du fauve. Bruits de dévoration.

Quel wagon choisir. À vous de voir. Dans le wagon des insouciants le voltage des sourires illumine les tunnels. Dans le wagon des désœuvrés on s'avachit. Dans le wagon des retardataires le festival de grimaces bat son plein. Dans le wagon des exténués il n'y a plus de places libres. Permettez-nous donc de vous reposer la question : quel wagon choisir. Les dilemmes s'intensifient. Est-ce que je peux atteindre le siège avant elle. Leurs regards se croisent et évaluent la distance. Forcé de détourner les yeux une fois de plus, il renonce, c'est son destin, et s'adosse à la porte de la cabine. À l'arrêt suivant, le conducteur doit le pousser pour sortir.

Laissez passer, laissez passer. D'une station à l'autre, les publicités oblongues acquièrent soudain un étrange pouvoir de fascination. Dans ce panthéon de tous les miasmes, on nous présente des maladies. Y a-t-il jamais eu quelqu'un au cours des âges pour noter le numéro de ce dermatologue au nom sinistre ? Après toutes ces années, il persiste à espérer que les affligés bénéficieront de sa technique révolutionnaire, mais pour l'heure il doit se contenter de ces pubs de carton fragile. Bienvenue au club. Des pubs qui ne vous évoquaient rien la semaine dernière sont devenues votre dernier espoir. Regardez par-dessus leurs crânes. C'est là-haut que vous trouverez le salut, et peut-être un poème.

Il met du temps à la remarquer et à céder son siège à la vieille dame. À la femme enceinte, à l'handicapé. Sa politesse le perdra. Dégage. Loin de ce poivrot qui pue. Ce n'est qu'un papier de bonbon, mais personne n'ose y toucher, par peur de tout ce monde qu'il peut renfermer, et ça fait un siège vide dans le wagon bondé. Il repère une place, mais quand il l'atteint il y a une flaque de soda. À l'arrêt suivant, quelqu'un s'y assoit, et il se sent coupable de ne pas l'avoir prévenu, mais bon, ça n'est pas son boulot. L'homme s'en rend compte, ça se lit sur son visage tandis que le soda se répand : maintenant, il y a deux sièges mouillés. Une bibliothèque sur rails. Bibles et best-sellers protègent du visage d'autrui. Des journaux en langues étrangères s'adressent aux communautés. On effleure par hasard le dessous du siège et on se met à militer pour un durcissement des lois anti-chewing-gum. En route pour son entretien d'embauche, elle remarque deux coquilles dans son CV. Son voisin de droite somnole au milieu des cahots et pose la tête sur son épaule comme s'il reconnaissait en elle un ange. Trop polie, elle se contente de coups de coude inefficaces. C'est assez marrant. La femme d'en face sourit de son malheur. À la station suivante, il se réveille mystérieusement et jaillit de son siège.

Ne vous tenez pas aux portes, ne vous appuyez pas aux portes, les portes ne sont pas des amies. Si vous cherchez des amis, vous n'avez qu'à créer un club fondé sur des centres d'intérêt communs, mais ne prenez pas le métro. Il est impeccablement vêtu, hormis ses chaussettes, qui le trahissent et le condamnent dès qu'il croise les jambes. Le SDF espère que le prochain wagon sera plus généreux. Le musicien à la trompette fêlée exaspère. Certains se concentrent sur leurs chaussures ternies lorsqu'il passe avec sa sébile. Vous cherchez de la monnaie au fond de votre poche, oubliant que vous avez dépensé votre dernière pièce pour passer un coup de fil, c'est gênant, alors que le type tend la main. Un homme replie son manteau sur ses genoux pour cacher une érection aussi soudaine qu'inexplicable.

On sort du tunnel, et d'un seul coup on se retrouve dans les airs. La ville à hauteur d'étage. On regarde à l'intérieur des appartements, on feuillette des vies et des murs hâtivement décorés. Il n'y a jamais personne dans les appartements. Toute une galerie de tableaux de HLM qui n'impressionnent la rétine que comme des ambiances, généralement tristes et bleues. Par la vitre, il aperçoit l'autre wagon, et il se demande si les gens y sont heureux. Les rames partent de la même station, puis leurs chemins divergent. Deux lignes différentes aux terminus divorcés, apparentées malgré les querelles de famille. Et les voilà partis. Son wagon commence la course en tête, avec une fenêtre d'avance, et puis, à marche forcée, la concurrence le double. Son wagon rattrape son retard. Ils échangent un regard. Sans changer d'expression. L'endroit leur a appris à étouffer toute faiblesse. Et puis l'autre wagon entame sa plongée sous-marine, les rails s'enfoncent dans la terre selon un parcours secret, vers l'ouest ou le nord, pas le temps de se dire adieu. Disons que c'est un match nul. Il y aura une revanche.

Un certain pourcentage de ceux qui vont descendre se lèvent trop tôt. Ils vont descendre, mais ils ont pris un faux départ, c'est tout noir dehors. Vaguement embarrassés. Leurs sièges sont déjà pris. Est-ce qu'il devrait changer ici, se demande-t-il, tandis que les wagons font une halte existentielle. C'est la course. Ils se précipitent tous vers l'omnibus, certains les croisent pour prendre l'express, et exceptionnellement ces transfuges finissent par échanger leurs sièges. Même si ça arrive moins souvent dans ces rames modernes, sur ces rails modernes, la lumière s'éteint parfois, et alors que faire au milieu de tous ces monstres. Je me rappelle le temps où ça coûtait dix *cents*. Si ce wagon échouait soudain sur une île déserte avec tous ses passagers, peut-être qu'elle se laisserait tenter par ce mec. Pourquoi vous vous collez à moi comme ça. Est-ce qu'il essaie de consulter le plan de métro derrière elle ou est-ce qu'il passe son crâne en revue : à vous de choisir. Et voilà : un groupe scolaire, tous avec le même tee-shirt. Des adultes pleins d'entrain les cornaquent et les houspillent. On reste ensemble. Mettez-vous deux par deux. Une fois de plus, on n'échappe pas au groupe scolaire. Coincé avec ces nabots qui piaillent. Trop jeunes pour être sexués, ils échangent des bourrades.

Nous sommes arrêtés dans le tunnel en raison d'une intervention de police à la station suivante. Nous sommes arrêtés dans le tunnel en raison d'un passager malade dans la rame qui nous précède. Encore lui, ce salopard souffreteux. Pour quelqu'un de malade, je trouve qu'il vadrouille beaucoup. Peut-être que c'est un mutant, allergique à la crasse et à la vitesse. On va faire la quête pour offrir une limousine au passager malade. L'annonceur essaie de fournir des informations. Chaque incident ici-bas se diffuse hors du wagon, engendre des prétextes des disputes des alibis. Ce qui se passe ici-bas fertilise le monde d'en haut. Il existe des passages étroits qu'empruntent les employés troglodytes pour se déplacer sans se faire écraser. Ils arborent des gilets fluo et une jalousie profonde envers ceux qui passent à toute allure. On les paie pour être souterrains. Pour savoir ce que c'est de travailler en dessous. En les laissant derrière elle, elle découvre de la crasse sous ses ongles.

Les courroies, en fait, c'est un terme obsolète. Il n'y a plus que du métal, des virgules pivotantes, des barres disposées perpendiculairement. Mais ça continue de pendouiller, de se balancer, d'osciller sous des doigts crispés. Des pieds contre d'autres pieds. La barre est chaude, c'est répugnant. Pourvu que ça ne soit pas la moiteur d'autres doigts. Les microbes se réjouissent. Sa main glisse lentement le long de la barre, il lui effleure les doigts, et elle leur ordonne de battre en retraite. Poursuite, nouveau contact, nouveau repli. Leurs mains dégringolent le long de la barre, le tout sans un regard. Un des innombrables duels qui se jouent chaque jour ici. Attention aux frictions. Reprenez votre équilibre à chaque cahot. Si vous ne savez pas l'heure qu'il est, attendez qu'il déplace sa main pour jeter un coup d'œil au poignet. Même s'il descendait à la prochaine, il serait déjà en retard.

Son cœur s'emballe avant même que son esprit ait formulé sa crainte : on dirait que ce tunnel n'en finit pas. Ça fait un moment qu'ils sont privés de station, ça en devient troublant. Et puis on se rend compte qu'on a pris l'express. Au-delà des stations connues, plus loin qu'on n'a jamais été. Dans des quartiers dont on a entendu parler, mais sans jamais penser y mettre les pieds. On s'enfonce sous un fleuve, mon Dieu quelle horreur, on sort de Manhattan. Si ça se trouve, c'est l'apocalypse en surface, et on est forcé d'imaginer une catastrophe quand on est coincé comme ça dans le tunnel. Elle n'est pas un peu trop raide, cette pente ? On continue de descendre. Ils ont posé des voies jusqu'au centre de la terre, et c'est là qu'on va. La légende parle de lignes fantômes, de stations hantées. Nous avons tous traversé des stations fantômes, dont les sorties ont été murées, dont les graffiti nous mettent en garde en volutes de lettres. Laissez toute espérance. Il n'y a pas d'issue possible si le train s'arrête à une station fantôme, on va croupir au purgatoire. Une seule explication : il vient de mourir sans s'en rendre compte, et maintenant ce métro l'emmène aux enfers. Et puis, soudain, on arrive à une station, et il faut repayer pour le trajet en sens inverse.

Ils se trémoussent à l'unisson, ça leur fait au moins un point d'accord. Tâtent leurs portefeuilles (remplis de billets inconvertibles). Répètent leurs prières (à des dieux incompatibles). Ce qu'ils chérissent et vénèrent, leurs idéaux et leur shopping, sont aussi divers et nombreux que leurs destinations. Mais tout n'est pas perdu. Regardez, les voilà qui improvisent une petite danse dans le wagon et, sans avoir répété, ils se trémoussent tous ensemble. Ils tressautent et trébuchent aux accents du wagon. Certains commencent même à fredonner. Tout le monde est dans le même bain jusqu'au prochain arrêt, où certains descendront tandis que d'autres monteront. Voilà votre arrêt. Descendez. Descendez, vite, sous peine d'être coincé dans le monde des ténèbres.

PLUIE

Dans la rue, c'est à peine s'ils remarquent les nuages avant qu'il se mette à pleuvoir. La pluie s'abat en nappes. Ils sont trempés d'un coup, et non goutte à goutte. La première goutte, c'est le pistolet du starter, et en entendant la détonation les gens courent se réfugier sous un abri de fortune, n'importe lequel, ils se blottissent sous des auvents déchirés, sur le seuil d'un snack, avec une soudaine envie de café. Ils se plaquent contre les façades comme s'ils étaient en cavale. Ils sprintent et tracent d'un abri horizontal à l'autre. Ici c'est sec. Il n'y en a pas pour longtemps, se disent-ils. Ils vont attendre que ça cesse. Ça ne peut pas durer éternellement.

Soupçonnant une telle éventualité, les vendeurs de parapluies surgissent pour faire des affaires. Ils ont attendu toute la semaine, faisant provision de billets de un dollar. Les vertus de leur marchandise se passent de commentaire. Tous les jours elle prend un parapluie, quoi que dise la météo, car on n'est jamais sûr de rien, et l'humidité la conforte dans son attitude. Le parapluie s'ouvre. Les détrempés appuient sur un bouton récalcitrant et l'objet s'ouvre d'un coup. Sous leur coupole privée, ils se distinguent de la plèbe. Miraculeusement préservés de tout souci. Les pointes argentées fusent et visent les orbites. Le risque statistique de perdre un œil est essentiellement imputable aux pointes de parapluie, et vous êtes sûrement la prochaine victime. Au coin de la rue, il dispute à un fantôme l'âme de son parapluie. C'est la rafale qui l'emporte : alors qu'il attend que le feu passe au rouge, le parapluie se retourne et se déchire. On déplore de lourdes pertes. Les blessés, les victimes de ce combat, dépassent des poubelles, abandonnés, leur tissu noir froissé sur un thorax de chrome éclaté. Tel est leur destin. Ils finissent soit à la poubelle, soit oubliés au restaurant, au cinéma, dans le vestibule d'un ami, répandant au sol une lente flaque. Dans cette ville, s'attacher à un parapluie, c'est le plus court chemin vers le chagrin d'amour. Une étude objective révélerait qu'il n'y a dans tout New York que vingt parapluies, qui ne cessent de passer de main en main. Bande de Casanovas. Ce sont les parapluies qui nous enseignent la douleur de la perte.

Des fleuves imprévus charrient vers les caniveaux du journal et du gravat. Trop grosses pour passer par la grille, les ordures sautillent sur place comme des ringards à la porte d'une boîte de nuit. Le liquide s'infiltre. Les alligators ne s'en formalisent pas. Un obstacle finit par créer une flaque, dont la surface en croissant de lune est vérolée de cratères éphémères. Chaque goutte, en explosant, contribue à étendre la flaque. Jouant leur rôle dans le cycle de l'eau, les roues des bus renvoient la flaque dans l'atmosphère. Toute fière sous son parapluie, elle se retrouve trempée comme une soupe pour s'être trop approchée de la chaussée. L'ennemi venait d'en bas. Les transports publics confirment le vieil adage : toute flaque veut vous sauter au cou. Et quand ça n'est pas les poids lourds, ce sont les enfants en bottes rouges luisantes qui sautent à pieds joints dans le champ de mines, provoquant des dommages collatéraux. Ça suffit comme ça.

Elle trouve facilement accès à votre cou. Elle trouve avidement le chemin de votre dos. La longue liste de courses à faire se soumet au principe d'humidification minimale. Tant pis pour le nettoyage à sec. Partout en ville, le nombre de taxis disponibles diminue au rythme des doigts graciles qui s'inclinent tremblotants au passage des voitures. Le salopard en amont chope le taxi avant même que vous tendiez la main, de même que vous êtes un salopard pour quelqu'un en aval. On lance des injures à contre-courant, vers des cibles qui ne se doutent de rien. Comme tout le monde veut rentrer chez soi, on ourdit des plans, on joue des coudes. Quel est le meilleur endroit où choper un taxi. À l'est ou à l'ouest, plus au nord, plus au sud. Les stratagèmes se multiplient et se divisent à mesure qu'on attend. C'est le super-ordinateur de l'attrapeur de taxis. La Sixième Avenue est en sens unique vers le nord, la Septième vers le sud : voilà des paramètres à prendre en compte. L'heure du jour, la direction et la force du vent, les taches solaires, le typhon dans le Pacifique, autant de facteurs à considérer pour se procurer un taxi. Elle lui a fait signe, pensant qu'il était vide, mais il passe sans s'arrêter, et les passagers, dans leur arrogance satisfaite, ne la remarquent même pas. Un jour comme aujourd'hui, il suffit d'avoir en poche de quoi se payer un taxi pour se sentir le roi du monde.

Les couples forcés de se réfugier sous des porches s'embrassent, comme ils l'ont appris au cinéma. L'homme ou la femme compte un deux trois et ils tentent une percée hors de leur refuge précaire. Quelques pas suffisent à leur rappeler combien la pluie est froide. Ils s'arrêtent au relais suivant pour reprendre leur souffle, et oublient combien la pluie est froide. C'est alors qu'elle contracte sa longue maladie. Le papier cadeau ne résisterait pas à l'eau, alors il abrite le paquet sous son manteau, donnant à son ventre les contours d'une grossesse absurde. Elle se terre sous l'abribus. Elle n'a pas pris le bus depuis des années et éprouve une terreur secrète. Serrée contre d'autres gens : à quoi bon être riche. Dans leur refuge, ils font des projets. Il ne sait plus où il est censé aller, car sur le bout de papier trempé l'adresse est devenue illisible. Perdus aux carrefours. Regardez tous ces impers : c'est le congrès des détectives, venus résoudre enfin tous nos mystères. À toutes les fenêtres, accoudés au rebord, les gens au sec toisent la rue en pensant : Je suis bien content de ne pas être dehors. Comme s'ils n'avaient pas de problèmes. À peine entrouverte, la fenêtre de la pièce voisine n'en laisse pas moins pénétrer l'eau, et le plancher se mouille sans qu'ils s'en rendent compte.

Progressiste, il a reçu ce parapluie en récompense d'une donation à la radio publique. Et le parapluie fait savoir qu'il soutient le service public. Avec la besace assortie. Maintenant, personne ne pourra soupçonner qu'elle pleurait. Au premier carrefour, il apparaît qu'ils ne tiendront pas à deux sous ce parapluie miniature, et que l'un devra se contenter d'une épaule au sec. Est-ce que cela sonne le glas de leur amour. L'aventurier du dimanche brave les éléments dans la tenue adéquate : il n'y a ni falaise ni ravin, et il est amplement équipé. Ne voyant plus rien à travers ses lunettes trempées, elle les enlève et plisse les yeux pour percer les précipitations. Une fois rentrée, elle videra la boîte de mouchoirs. Incapables de déterminer quel côté du lit est le plus confortable, les essuie-glace font la navette. Insomniaques, comme des fleuves. Le journal au-dessus de sa tête ne tarde pas à se muer en brique détrempée. Ça ne le protège pas du tout, en dépit des clichés. En regardant les nuages depuis la rue, chaque goutte qui approche lui apparaît oblongue comme une comète, jusqu'à ce qu'elle s'abatte sur sa joue. Sur ses lèvres, elles n'ont pas si mauvais goût, après tout. Une goutte l'atteint à l'œil : ça pique plus que de l'eau ordinaire. Il bat des cils. Des traînées de suie coulent sous les rebords de fenêtres. Chaque immeuble est une coquette, au visage poudré par les usines. Cette eau soi-disant purificatrice laisse plus de crasse qu'elle n'en lave. Mais bon, il ne faut pas se fier à la pub.

Les chaussettes neuves teignent en bleu les orteils trempés. Les chaussures mettent une éternité à sécher. La dernière fois qu'il a plu, il les a mises sous le radiateur ; quelques heures plus tard, elles étaient déformées, ratatinées, comme si c'était un supplice de laisser partir l'eau.

La prochaine fois, il pensera à l'imperméabilisant. On le trouve dans tous les supermarchés. Réconfortée par sa prévoyance, elle s'interroge sur l'étymologie du mot caoutchoucs. Bien sûr, c'est ridicule de se balader avec des sacs en plastique noués sur les chaussures, mais quand on voit le prix de ces trucs... La flaque au bord du trottoir est plus profonde qu'il n'y paraît, c'est un loch préhistorique. On essaie de sauter par-dessus, on rate son saut, et le lagon s'insinue dans vos chaussures. Ce soir, ses chaussettes roulées en boule sécheront, se durciront en poings miteux et rouleront sous la commode, où durant des mois elles se cacheront et fermenteront.

Il gravit les marches et s'aperçoit que, pendant qu'il était dans le métro, le monde entier a changé. Tout est gris. On relève le col de sa veste. Seules les gargouilles des toits ont l'air heureuses. Avec un peu de chance, quand on meurt, on en devient une et on gagne le droit de passer l'éternité à traîner là-haut. Il dit : Avec ce qu'ils gagnent comme salaire, les mecs de la météo pourraient quand même faire un effort de temps en temps. Il ne retient que les catastrophes. Le commis déchire des cartons pour en recouvrir le seuil de la boutique. Tous ces gestes vains. Ça fait plaisir au patron, c'est comme ça qu'on faisait autrefois. Le vendeur de journaux ne se laisse pas effaroucher par tous ces billets mouillés. Mais personne n'a envie d'acheter un journal mouillé. Les piles ont pris la pluie avant qu'il ne puisse les protéger. Chez le concurrent d'en face, les infos s'entassent sous une bâche transparente. C'est la loi de la jungle : le mieux adapté survit à l'environnement hostile, mais c'est parce qu'il n'a pas un crétin pour neveu. Dans la cabine téléphonique, on se prépare à effectuer une percée. Tout ce fric dépensé chez le coiffeur, et voilà le résultat. Ils auront beau s'essuyer les pieds sur le paillasson, ils laisseront des traces par terre. De vrais jumeaux portent des cirés jaunes jumeaux d'où pointent des nez jumeaux. Qu'est-ce qu'il y a dans la poche de mon imper. Apparemment, la dernière fois qu'il a plu, il était allé voir une comédie romantique.

Au carrefour, c'est encore pire, ils reçoivent la pluie en pleine figure comme des aiguilles ou des preuves. Le vent l'agite comme un fouet. Une fois dénichée une place de parking, ils décident d'attendre la fin de l'averse et en profitent pour se faire un câlin, renversant leur siège selon un angle inconfortable. Un téton cède sous la pression d'un pouce. Le moteur coupé, ils perçoivent sur le toit la véritable incantation de la pluie et s'étreignent fiévreusement. Ici, on est en sécurité. La conversation en revient toujours au temps qu'il fait. Sous l'échafaudage, les discussions entre inconnus vont du grommellement à la communion des âmes. Hasards providentiels. La pluie s'insinue par les interstices. D'une rue à l'autre, les gens déploient tout un éventail de pas, couvrant toute la gamme de la marche à la course. Chacun a sa stratégie, sa posture idéale pour affronter les éléments. Les plus braves ont accepté leur sort depuis longtemps. Les plus braves renoncent à se voûter, se redressent, cessent d'esquiver, endurent sans sourciller. Puisque visiblement ils sont censés se mouiller, à quoi bon lutter. Comme si, en capitulant, on arrachait à l'aléatoire un petit miracle. Ils marchent d'un pas lent et naturel sous le déluge, et les plus raisonnables les évitent, les contournent fébrilement, troublés par ces étranges créatures. Citoyens d'une cité plus clémente.

Il ne pleut plus. Depuis les berges, on voit les nuages s'accroupir sur un autre quartier de la ville. L'incident ne concerne plus que les égouts, loin des yeux, loin du cœur. On ouvre et on referme le parapluie d'un coup sec comme pour faire peur aux gouttes. L'objet palpite telle une méduse dans les lugubres profondeurs. Elle tente d'attacher la courroie du parapluie, mais le bouton-pression se perd dans les plis. Du coup, elle a les mains toutes mouillées. Certains, soupçonnant une ruse, gardent leur parapluie ouvert pendant des kilomètres, à tout hasard. En sortant du cinéma, ils s'exclament d'une même voix : Tiens, on dirait qu'il a plu, en désignant les flaques. Oui, pas de doute, il s'est passé quelque chose et ils n'en ont rien vu.

BROADWAY

Une fois par an, il fait la balade. Sans but possible. Sans carte. Quand on a vécu ici, on finit par avoir une boussole. De quoi se plaindre ? Le climat unanime inspire les mêmes phrases d'un bout à l'autre de la ville : Il fait beau, n'est-ce pas. De Manhattan au Bronx en passant par Brooklyn. Alors il marche. Aujourd'hui il ne posera pas de questions. Aujourd'hui la rue ne complotera pas. Laisser venir les choses. Tels sont les termes de la trêve qu'il a conclue avec Broadway.

Marche. Les mains dans les poches, ou les mains fendant le flot. Ça ne change rien. Pas question de faire le malin. Seuls les imbéciles tentent d'arnaquer Broadway, et ça se termine toujours par un départ précipité, sans retour possible. En haut des poteaux, les plaques de rue égrènent la distance. Les noms de grands hommes hantent les plaques de rue jusqu'à ce qu'ils soient exorcisés par des chiffres. Quand ils sont à court de noms, les carrefours se rabattent sur les maths : mais pour quelles équations, dans cette lutte inégale ? Broadway multiplié par la Onzième Rue, ça donne quoi ? J'ai dû laisser mon boulier dans mon autre pantalon. Les pancartes proclament : Dernière Chance et Tout Doit Disparaître. Plus que quelques heures pour obtenir mon cœur à crédit. Autour de lui, tout le monde a un plan de remboursement, un deal pour payer ce qu'ils désirent. Et lui, qu'est-ce qu'il cherche. Il marche.

Il fait beau, n'est-ce pas. Les enfants évitent de marcher sur les fissures du trottoir, sans quoi les mères en resteront paralysées. Tel un enfant, il marche en ligne droite sans voir qui ou quoi se dresse sur son passage. Il a juré de ne pas s'écarter. Voyons combien de temps il tiendra. Les obstacles obstruent, ceux de la rue et ceux qu'il porte en lui. Regardez tous ces trucs accumulés dans les crevasses du trottoir. Rendons hommage solennellement aux vaillantes herbes folles de la ville, toutes ces anonymes qui fleurissent obstinément, avec leurs pousses intrépides et leurs prises improbables. Un exemple pour nous tous. Les graines recherchent la crasse, on n'est jamais à court de crasse, ni de fissures pour abriter la crasse. Après tout, cet endroit tombe en ruine. En dressant l'oreille, on entend l'écroulement. Jour après jour, on y contribue. On se dit que cette ville vous suce la moelle, mais en fait c'est le contraire. Une matrice, un sein nourricier.

Marche et trébuche dans la grande ornière. Elle a défriché la ville au bulldozer, au mépris du quadrillage. Traçant sa diagonale à travers les avenues apeurées, faisant fuir les parcs sur son passage, forçant le Flat Iron à s'aplatir. De nuit, une cicatrice illuminée. De jour, l'Everest. Marchez, vous tous. Nous ahanons et gémissons. Comme si cette route n'était pas à peu près plate, mais un sentier dans la jungle. Il y a quelques heures à peine, l'heure de pointe a percé une trouée. Piétinant, domptant les pentes, essuyant les plâtres pour ouvrir le chemin aux suivants. Mais depuis, les broussailles ont éclos d'un coup pour flageller les yeux, proliféré pour combler les empreintes, et maintenant il n'y a plus que des éclaireurs qui écartent des branches traîtresses. Les indigènes comme les touristes gesticulent pour éloigner toute une faune de moustiques. Il a vécu ici toute sa vie. Parfois il s'en va, mais il n'a jamais été doué pour les langues et, sitôt franchie la frontière de l'État, on parle un autre idiome. Les visiteurs découvrent ce qui pour lui va de soi. Ils torturent leurs guides touristiques et se disputent en disant : On est déjà passés par là, tournant en rond comme de vrais vétérans. Dans cette ville, on aboutit toujours où on a commencé. On se contente d'accroître petit à petit le rayon d'action, on se contente de peu. Il a vécu ici toute sa vie, et les amis s'enfuient et elle aussi a fui, mais Broadway est toujours là. Il marche et il pousse. Continue de pousser, tu arriveras peut-être à augmenter ton rayon d'action. Savoure les centimètres durement gagnés.

Coincé au carrefour, il attend le feu rouge. Ils le rattrapent. À quoi bon les doubler s'ils sont tous ces tortues rusées que célèbre la fable. Tiens, voilà la ligue des mamans sexy. Elles poussent leur landau, l'inclinent au bord du trottoir, font franchir la chaussée à leur progéniture. Oh, retrouver l'ignorance et la sécurité. Des doigts minuscules agrippent l'air au-dessus du berceau. Les gens tentent de faire sourire les bébés des autres en attendant de pouvoir traverser. Les inconnus sont toujours flous. Une brigade de femmes enceintes se dandine dignement. D'ici trois mois, elles se seront épanouies en mamans sexy, mais pour l'heure elles recherchent la boutique qui vend des vêtements pour citoyens à naître. Vite, habillez-les de noir. C'est l'uniforme requis. Les fœtus s'agitent en se demandant dans quel code postal ils finiront, et tapotent la membrane en code Morse : la location, c'est bon pour les gogos. Ils sont trop jeunes pour savoir que la matrice fixe les dimensions d'un studio moyen. Réfléchissez aux dimensions, à cette démence urbanisée. Le ciel n'a qu'un nombre donné de mètres carrés quand on nous laisse l'apercevoir entre les immeubles. Allez, tous en chœur : on s'est fait arnaquer. Mais à ce stade, impossible de résilier le bail.

Le feu passe au rouge et il retrouve son rêve : que chacun de ses pas laisse une empreinte de néon. Chacun de ses pas, depuis le premier jour jusqu'à aujourd'hui. Ainsi, il pourrait retrouver son sillage, retracer son parcours dans la ville et dans le temps. S'apercevoir que, la dernière fois qu'il est passé par là, il était pompette ou amoureux. Ici déterminé, là errant comme aujourd'hui, sans but précis. S'il pouvait voir ses empreintes, il saurait quels territoires lui restent à découvrir, ce qui fut jadis, où ne jamais retourner. Certains des vieux magasins ont disparu depuis la dernière fois. Ce qui apparaît à leur adresse est net et pimpant comme des clefs neuves. Des clefs neuves pour des serrures neuves. Il est rare ici qu'un nouvel établissement soit plus modeste que son prédécesseur ; ah, si seulement sa personne et ses idées pouvaient devenir comme l'immobilier : toujours plus chic. Dieu sait qu'il a tenté de suivre l'évolution du marché, mais sa chemise neuve ne peut pas faire longtemps illusion : une fois dans la place, ils voient bien que c'est toujours la même marchandise défraîchie et ils se défilent. Il a beau avoir balayé (son cerveau s'encrasse parfois), ils ne remarquent pas les rénovations ; il n'est qu'un vieux métier obsolète, dont seuls les vieux annuaires se souviennent encore. Forgeron, rémouleur. Accélère.

Marche jusqu'à en tomber. Il longe des endroits où il n'est allé qu'une seule fois et plus jamais retourné, une pizzeria, un boui-boui, refuges d'un soir ou d'un après-midi, parce qu'il ne voulait pas arriver en avance, parce qu'il était entre deux rendez-vous, parce qu'il avait été frappé par la grande peur. Pendant dix minutes ou une demi-heure, il s'est attardé au comptoir, ignoré par les serveuses ou grignotant des viennoiseries, une seule fois et plus jamais, et à présent l'endroit est un monument à ce jour-là, pour des années encore, les vitres un peu plus sales, l'enseigne un peu plus fanée, jusqu'à ce qu'un jour ça devienne une boutique d'animaux. Longe cette vitrine refaite à neuf sans lui accorder une pensée, oublie que tu as pu y faire halte, le changement de propriétaire prouve que tous ceux que tu fus ont été relogés. Il faut y croire : on expulse la vérité des choses.

Dans ces moments-là, il peut être bénéfique de se remémorer quelques couplets du dernier gourou en vogue. Vivre si près de Broadway, exposé à ses rayons jour après jour. De quoi vous rendre malade. Sur cette portion de l'avenue, les portiers tiennent à l'écart la plèbe maladive, qu'ils distinguent de l'épidémie plus luxueuse qui sévit dans l'immeuble. Plus loin, en revanche, on ne fait jamais la vaisselle jusqu'à ce que les trois seules assiettes soient sales, ce qui permet aux locataires de griffonner des cartes postales mensongères, destinées à des endroits qu'ils n'auraient jamais dû quitter. Et qui habite à votre étage, quel assortiment de gens de passage et de reclus ? Quelle drôle de bande. Et comme les murs sont minces. Le courroux et la compassion sont voisins depuis des années, ils écoutent aux portes en faisant des bruits désapprobateurs, mais ça fait des années qu'ils ne se sont pas vus. Certains ne tiennent pas le coup longtemps. Voilà un bail que l'optimisme n'a plus payé son loyer, mais le cynique de l'appart' avec terrasse refuse de partir jusqu'à ce que la police l'embarque. Ils traînent leurs valises le long du trottoir, de nouveau à la rue. On trouve toujours un logement moins cher, si on est prêt à renier ses principes. Signez ici. Versez la caution. On va vérifier que votre âme est solvable.

Marche jusqu'à ce que ton cœur soit lourd de son fardeau. Il en a, des endroits lourds de souvenirs : certains lui donnent la chair de poule. Dans ce restaurant, leur premier rendez-vous, dans celui-là, leur dernier rendez-vous. Son ex vivait dans cet immeuble. Ils se sont pelotés sur ce pas de porte, et les passants critiquaient sa technique. Il devait à tout prix téléphoner, c'était très important, et les téléphones de cette rue étaient maudits, ne marchaient pas, dévoraient la monnaie, une catastrophe. Il a ses endroits hantés comme vous avez les vôtres. Évitezles, mieux vaut ne pas remuer les souvenirs. La chaussée se rappelle une nuit à oublier. Les nids-de-poule vous renvoient aux crevasses de votre esprit. Regardez ce trottoir aujourd'hui et criez haut et fort : il ne sait rien de compromettant sur moi. Oh, se libérer de tout ce qui a précédé, modeler son visage sur le cliché de cette ville. Choisir qui on est. Être célèbre et célébré. Soyez un artiste moderne : choisissez un carrefour très fréquenté et revendiquez-le comme votre chef-d'œuvre. Les critiques adorent, applaudissent votre sens de la couleur, se demandent comment vous avez fait pour saisir ainsi les visages. L'un y perçoit l'aliénation urbaine, tel un motif secret. Comme toutes les grandes œuvres d'art, vous l'avez toujours eu sous les yeux, mais vous ne le voyez vraiment qu'aujourd'hui. Comme toutes les grandes œuvres d'art, cela vous survivra.

Personne n'oublie la ville. Il y en a que la ville n'oublie pas. Lui, il disparaît à chacun de ses pas. Qui est-il dans cette foule. Saurez-vous le repérer parmi ces va-nu-pieds. Ça serait quand même marrant si la ville se souciait de ton sort. Si tu réussissais à imprimer ta marque malgré l'adversité, si toutes ces initiatives étaient autant d'aumônes et qu'après toutes ces années, contre toute attente, la ville te souriait. Ça se passerait comme ça, par un après-midi semblable à celui-là, alors que tu es entre deux carrefours : voilà que ça commence. Chaque immeuble se trouve être un endroit où tu as vécu, les bons moments te guettent derrière les rideaux. Tous les feux rouges sont convenus de t'accorder le passage, de t'accorder l'immunité. Ça serait bien. Il trébuche. Ses lacets sont défaits. C'est Broadway, après tout, et il vous détruira peu à peu.

Marche encore. Partout ces créatures surgissent, il n'y peut rien, le pauvre garçon. Ces mannequins n'ont donc aucune pudeur. Qu'est-ce qu'elles portent, qu'est-ce qui est arrivé à leurs tétons, est-ce que je peux avoir leur numéro de téléphone. Si seulement il y avait des règles de résidence pour canaliser les mauvaises pensées. Les reléguer dans d'autres quartiers. Ce n'est qu'au bout de quelques rues que le sadisme du chausseur apparaît au grand jour. Pour faire provision d'objets on va dans les magasins, pour faire provision de gens on va dans la rue. On sait ce qu'on veut avoir sur la peau. Ce que vous portez finit par déteindre sur vous. Pas la peine de s'arrêter ici, il n'y a rien à votre taille. Il y a toujours une autre boutique après le carrefour, on aura peut-être plus de chance. Vite, on traverse le croisement, et puis on croise les doigts, en se disant : Peut-être qu'après le carrefour on aura plus de chance.

C'est ici qu'ils ont tourné la scène du film, tu sais, l'histoire du type. Après tout, la ville entière n'est qu'un décor. Il n'est pas célèbre, il a juste l'air célèbre, mais il fait de son mieux. Les vraies célébrités laissent un sillage de torticolis. Je ne l'imaginais pas si petit. Le *director's cut* de son état d'esprit, avec les scènes coupées au montage, inclurait plusieurs fusillades, pas un seul tabassage, mais d'innombrables cascades en voiture. Mais il n'a pas le budget, et il doit se contenter d'effets spéciaux minables, de klaxons frénétiques et de gestes obscènes. Une seule prise, chaos improvisé, moteur, silence, on tourne. Autour de lui, les gens créent leurs propres comédies musicales, lui piquent des figurants, recrutent des seconds rôles pour leurs superproductions en technicolor. Pas de duos, s'il vous plaît, pas question de se laisser voler la vedette. Les autres piétons ont pris leurs marques, atteint leur cible ; ils s'effondrent, et il reste le seul survivant dans une ville désertée, enfin dramatisée. Il danse sur les corps sans vie dans un grand crescendo. Chaque voiture qui passe claironne le tube du moment. Impossible d'y échapper. Cette station de radio, tous des vendus. Une voiture passe, et puis une autre voiture, ou bien une boutique, reprend le flambeau pour s'assurer que le refrain est toujours sur vos lèvres. Elle s'appelle comment, cette chanson, d'ailleurs.

On marche pour marteler ses arguments avec ses pieds comme si on foulait le raisin. Par les caniveaux, les rats s'exclament en un chœur des égouts ; la vie est un combat contre le monde pour obtenir le temps. Si quelqu'un écoutait, il ne serait pas déçu. Les gens qui parlent dans leurs portables s'aperçoivent que ça fait des kilomètres qu'ils ont perdu le réseau, et se demandent s'ils auront le courage de répéter tout ce qu'ils ont dit. Messages confus, signaux perdus. Les maîtres des panneaux d'affichage jonglent avec les messages et les stimulants, règnent et haranguent au-dessus de la rue. Anatomies retouchées, au nom de la décence. Il est informé de l'existence d'un nouveau traitement révolutionnaire ou autre prodige incontournable. Faute de stylo, il tente de mémoriser le numéro de téléphone, se le répète en chantonnant jusqu'à ce que des comptines plus vulgaires le détrônent : le basson des bus qui vrombissent pour passer à l'orange, les castagnettes des talons aiguilles sur le ciment, et bientôt il ne lui reste plus que deux chiffres et sa cause perdue. S'il en avait les moyens, il vanterait sa faiblesse sur chaque panneau d'affichage, sur les murs de briques des immeubles d'avant-guerre, et il embaucherait les farfelus et les déments pour distribuer des prospectus aux grands carrefours : Regardez, me voici. Mais personne n'achèterait le produit, car ce qu'ils traquent sur les affiches, c'est ce qu'ils n'ont pas, et j'ai déjà assez de miroirs chez moi merci. Quoi qu'on achète dans cette ville, ça se résume toujours à quelques sacs en plastique vides. Les sacs en plastique vides s'accumulent en montagnes blanches et molles. Où est le justicier, le flic solitaire qui débarrassera nos rues de tous ces sacs en plastique vides. La chrysalide du besoin. On les chiffonne les uns dans les autres pour gagner de la place. Oh, broyer tous les objets rebelles. Les fouler aux pieds, les changer en vin.

Il faut des bottes de sept lieues pour avancer, mais c'est incontestable : son pas s'accélère. Sans le savoir, il a capté le tempo de la rue et le rythme est contagieux, ça groove, faisant de ses pieds des marteaux-piqueurs, des percussions de voirie. Écartez-vous, lourdauds urbains, poussez-vous de là, quidams traînards. Il trace sa route, il trouve son rythme. Le Stop devient Go à l'instant où il touche la chaussée. Les plus gros camions de livraison se figent en minaudant, interrompent leur parcours. Les commerçants ferment boutique plus tôt en espérant l'apercevoir, se massent sur le trottoir en agitant son drapeau, voilà quelque chose qu'ils pourront raconter à leurs petits-enfants. Nul chien n'a souillé son chemin, son pas ne tremble pas, et voilà que l'orchestre démarre vraiment, il va l'avoir, sa comédie musicale, en smoking et robe longue, agiles et gracieux, ils se joignent au mouvement, toutes les répétitions aboutissant à cet instant. Cette ville, c'est ma ville. Il est le Roi de Broadway, et fait chanter son hymne aux nids-de-poule et aux bouches d'égout. La charpente faible et vieille n'est solide qu'en un seul point : sous ses pieds. Assez pour l'élever dans les airs. La ville vous force à porter une armure et regardez-le, sans défense, sa cuirasse et son casque abandonnés loin derrière lui, sans qu'un seul bras chez ses ennemis soit assez fort pour décocher la flèche qui percerait sa peau. Tous des lâches, comparés à lui. Prosternons-nous. Personne ne se prosterne. Ce royaume est intérieur.

Il marche, et puis il ralentit. Un peu fatigué. Et plus qu'un peu affamé. Scrute les menus aux vitrines, cherchant de quoi se requinquer. Les prix sont scandaleux, il ouvre son portefeuille, et en touchant sa poche il redevient mortel, réduit au loyer qu'il paie. Finie la flânerie, il doit s'arrêter, car Broadway n'accorde ça qu'une fois par an, et encore, à contrecœur. C'est cet avant-goût qui les fait courir, qui les retient ici année après année pour ces après-midis décisifs. Voilà ce qu'on leur accorde. Broadway est généreux, il sait que s'il ne crachait pas un peu au bassinet il finirait par s'assécher. Ces cadeaux occasionnels ne coûtent rien. Terrible et généreux. Broadway sait que chaque pas est un battement de son cœur, que c'est nous qui faisons battre son cœur, qu'il a besoin de pigeons et de citoyens pour faire battre ses veines. Broadway sait que si jamais ce secret s'ébruitait il se viderait de son sang, alors, régulièrement, il offre un aperçu. Ça ne coûte rien, ces joutes inoffensives.

Il reviendra l'année prochaine. Au même point du calendrier ou à peu près, en fonction des anticyclones et de sa météo intérieure. Car ils se comprennent, lui et Broadway. Il viendra une fois par an jusqu'à sa mort, et un autre prendra sa place. Mets un pied devant l'autre. Marche, marche encore. Tels sont les termes de la trêve qu'il a conclue avec Broadway.

CONEY ISLAND

BEER

Une telle variété de puanteurs laisse à penser que c'est l'été. C'est l'asphalte cuisant qui ajoute cette pointe de piment. Un inconfort sans fin : ce n'est pas possible, la terre va entrer en collision avec le soleil. Certains batifolent comme des imbéciles autour des bouches d'incendie ouvertes, d'autres se dirigent vers le bout de la ville. Le sud, la plage où le balai de l'air marin époussette toute cette misérable schlingue. Alors ils dégringolent tout au fond du plan de métro, et s'y nichent comme des piécettes de toutes origines. Ce qu'ils trouveront sous leurs pieds, ce ne sera pas du bitume, mais quelque chose de plus mouvant.

Tous les coups de soleil de demain sont à l'affût. Les têtes pivotent frénétiquement à la recherche de l'endroit idéal. C'est la ruée des pionniers pour obtenir une concession. Ici, on sera bien. On essaie de se remémorer la formule secrète pour être à l'aise sur la plage, le théorème de la serviette. On grésille sur le barbecue. Cent façons d'accommoder l'être humain. La preuve crissante de la dernière visite à la plage colle au goulot du tube de crème solaire. Tous en chœur, demandez : Tu peux m'en mettre dans le dos ? Le soleil porte à ébullition ce melting-pot, et tout remonte à la surface, les métissages séculaires, les pigments cachés. La pincée d'épices. Les rivalités tribales de nos ancêtres se réduisent chez leurs descendants à une résistance inégale aux UV. Les gens soulignent l'idée qu'ils se font de leur corps par des débardeurs, des shorts, des tee-shirts trop serrés. Allez, on enlève tout. Et n'oubliez pas vos cicatrices préférées.

Tout disparaît dans le sable. Les objets se perdent dans le sable comme les gens se perdent dans les rues. Trouvent refuge sur les rivages du nouveau monde. C'est la maison de retraite chic des souches de tickets qu'on ne fabrique plus depuis des années, des mégots qui ont connu des jours meilleurs, des pinces de crabe. Le bois échoue en provenance des terres natales. Les bouts de polystyrène fraîchement naturalisés récitent le serment d'allégeance et la liste des présidents à la moindre provocation. Des mouettes sales patrouillent le secteur, en évitant les algues clochardes et leurs confidences déchirantes. La rumeur court que quelqu'un, là-bas, est en train de manger un sandwich. Parasites et charognards entreprennent de vaines missions, s'épuisant en coups de bec. Les mouches bourdonnent et sautillent sur les morts réels ou apparents. Avec son détecteur de métaux, l'illuminé zigue et zague selon un schéma cohérent, ou par simple habitude, pour éviter les projectiles que lui jettent les ados. Ça lui rapporte gros, on n'imagine pas. Le nombre de clefs perdues aujourd'hui s'inscrira dans la moyenne journalière du nombre de clefs perdues. Les hypocrites se plaignent de la qualité du sable, comme si eux-mêmes n'en souillaient pas l'étendue, tout comme les charognards, qui arrachent à l'après-midi des lambeaux de réconfort.

C'est la ligne de front de l'antique vendetta entre ville et nature. Il faut choisir son camp. Chaque grain est un commando en reconnaissance, qui teste les points faibles puis fait son rapport. Voici quelques endroits où s'insinue le sable : les yeux, les sandwiches, les chaussures, sous les lits, le cuir chevelu, les moquettes, les planchers de voiture. Les entrejambes et les cortex et les centres de décision. Les gamins et leurs seaux déplacent ce tas de sable d'ici à là-bas pour défaire le dessein secret des marées. Il a fallu des siècles pour y parvenir, et maintenant ce n'est plus qu'une ruine. Telle est la règle : la violence est délibérée, la beauté accidentelle. Leurs châteaux se dressent fièrement sur des terrains spongieux, et pourtant, malgré leur enthousiasme, seul un infime pourcentage de ces enfants finit par faire carrière dans le bâtiment, c'est tout de même étrange. C'est l'été, l'école est finie, mais le sable a des leçons élémentaires à dispenser. Ce qu'ils façonnent, ce sont des villes, si friables, si minuscules qu'elles soient. L'ordre humain imposé à la nature. Le sable glisse entre les doigts, mais personne n'en tire les conclusions nécessaires. Sur nos entreprises enfantines. Ce qu'ils bâtissent ne peut pas durer. Ces gratte-ciel fragiles ne sont que trop faciles à détruire.

Cette bande de sable chevauche l'un des méridiens magiques du globe : si on nage assez loin on aboutit en

Angleterre, si on creuse assez loin on aboutit en Chine. C'est ce qu'on raconte. Les enfants font du yo-yo à la lisière de l'eau : ils s'élancent quand ils ne risquent rien, s'enfuient quand approche une vague. Avec une régularité mécanique et déprimante. Singeant les parents et l'impitoyable métro-boulot-dodo. Parfois, une semaine de boulot suffit à vous pulvériser en sable, à vous réduire en particules. Ceux qui habitent près des voies rapides reconnaissent le bruit des vagues. L'océan trafique le flux et le reflux, c'est son fonds de commerce. Les parents se ruent pour apprendre à nager à leurs rejetons. Ferme les yeux. Alors, tu vois, c'était pas si terrible, dit la mère à l'enfant. Il recrache de l'eau de mer. Courant et contre-courant sont les mains du monde qui vous agrippent pour vous sauver des villes et de leur influence. Infrastructure invisible des vagues. Des événements survenus à des milliers de kilomètres trouvent leur sens ultime dans ces douces petites conséquences qui mendient sur la côte. Fais la planche, fais le noyé et échappe à la société, sans bruit ni poids, il n'y a plus que toi et les forces qui t'ont poussé ici, t'ont mis à part. Sans ancrage. Bien protégé. Il est possible de rester ici, de renoncer à la ville, de nager dans l'autre sens. La direction de leurs dernières brasses du jour est un serment de fidélité. Regarde le joli coquillage.

Même ici, les voisins sont trop près. Une HLM horizontale. On exècre les voisins, leur conversation bruyante et grossière, leurs misérables chansonnettes. On envie les voisins d'être si bien équipés pour l'expédition. Ouais, ils ont compris le truc, avec leur glacière perpétuelle et leurs fauteuils gonflables dernier cri. Qu'est-ce qu'ils vont encore nous sortir, un Grillmaster 9000 ou simplement un grand cuisinier. Juste au moment où on commençait à être bien, voilà qu'un coup de vent ou un voyou vient tout gâcher. Traité de gringalet, on se jure de devenir Hercule. Prière de rajuster : ce qui dépasse du maillot de bain, ce qui réagit naturellement aux changements de température, les bords timides de la serviette, ton attitude parce que ça commence vraiment à m'énerver moi je me donne tout ce mal tu peux pas te détendre un peu pour une fois. Ça n'est sans doute pas le bon moment pour une rêverie érotique, mais le panorama soutient le contraire. Tous ces trucs qu'elles dissimulent quand elles s'habillent pour le monde civilisé. Si vous clignez des yeux, vous allez rater ça : ce père qui fait sa démonstration annuelle d'affection pour son fils. Voir ça, c'est comme regarder le soleil en face. Il y a de quoi être aveuglé.

Là-bas, de lentes péniches évacuent pneus et exilés, flèches noires voguant dans le bleu de l'air. Des bidules en bois garantissent l'équilibre. En haut de la jetée, des pêcheurs embrochent l'espoir sur des hameçons et lancent l'appât, en attendant le grignotage. Sur les flancs de la jetée, les bernaches se cramponnent avec une ténacité révélatrice : elles bénéficient d'un loyer protégé. D'un bout à l'autre de la promenade, les visiteurs trouvent leur vitesse de croisière. Sous la promenade, on remise les candidats malheureux à la mairie. Des stands de coquillages improbables. Un vendeur de hot-dogs international. Ce qui était vrai pour les citoyens il y a cent ans est encore vrai aujourd'hui. Une génération après l'autre, on s'étonne de l'air marin comme si on était les premiers à le remarquer.

Ils gardent pour eux les étranges sentiments que suscite la nouveauté de l'horizon après tant de jours sans horizon. Que faire de pareilles idées. Les vieux de la vieille connaissent tout ça. Nous sommes les rediffusions qu'ils ne peuvent s'empêcher de regarder. Les vieux de la vieille vous diront que chaque planche de la promenade a un nom secret et une histoire à raconter. Ce qui est inexact. Après tout, ça n'est jamais que du bois mort.

Hors saison, l'endroit est mort. Ne le répétez pas, mais la Grande Roue est un rouage de la grande machinerie de la métropole et quand elle cesse de tourner, c'est tout le système qui lâche. Les attractions foraines ne sont que des façades pour des choses plus secrètes. À doses homéopathiques, le recours régulier aux autos tamponneuses évite de péter les plombs au volant. Chérissez la peur d'un boulon mal serré, des inévitabilités statistiques, de la toxicomanie du responsable, que suggère son regard vitreux. Les vénérables sièges de métal sont repeints chaque saison. Un métal sombre comme une tache là où les gens posent leurs mains. On n'a pas encore inventé la peinture d'attractions foraines qui résisterait aux agents corrosifs de la sueur des terrifiés. Pas d'échappatoire, tout le monde doit faire un tour de Cyclone. Une boucle de ruban soulevée par la brise, qui s'affaisse ici, se cabre là. Ça paraît tellement branlant. Les poutrelles et les montants ? Des cure-dents et des pailles. C'est dans les vieilles terreurs qu'on fait les meilleurs frissons. Des couples d'amoureux font la queue nerveusement. Le cousin des champs, fraîchement débarqué, est entraîné sadiquement par ses cousins des villes. Pour l'effrayer, ils inventent des histoires effrayantes sur le taux d'accidents, mais quand les barres de protection se referment sur eux, ils sont influencés par leurs propres mensonges.

Trop tard pour reculer. Criez, si ça peut vous soulager. Accroche-toi à ma cuisse, comme prévu. Citoyens d'une nouvelle ville vertigineuse. Ça monte, ça descend. On tournoie par ici et l'océan s'abat sur vous en une vague qui annonce la catastrophe, on tournoie par là et on s'écrase contre les gratte-ciel, les immenses façades de brique. Les montagnes russes, c'est votre esprit essayant de concilier deux propositions contradictoires. La terre et l'espace, le ciment et l'air, la ville et la mer. La vie et la mort. Vite, il faut choisir. La ville et la mer ne s'entendent pas, il en a toujours été ainsi. Deux lutteuses qui s'insultent, deux vieilles ennemies jurées. Ce tour de montagnes russes, c'est elles qui échangent des coups, et ce sont leurs bras qu'on parcourt, on plonge et on s'envole et on plane et on roule sur des muscles qui ondulent sans trêve. Si seulement elles cessaient de se chamailler à notre sujet. Ça y est : le vertige. Ivre du panorama, ballotté par la marée, roué de coups, titubant entre ce qui est et ce qui pourrait être. Mais qu'est-ce qu'il attend pour intervenir, l'arbitre ? C'est un massacre. Fermez les yeux. Détendez-vous : vous ne verrez pas le temps passer, et déjà ce sera fini.

PONT DE BROOKLYN

Allez, plissez les yeux. C'est là-bas, cette île striée, découpée, désossée, offerte. Choisissez vos morceaux préférés et gobergez-vous. On reconnaît toujours les affamés à leur attitude. En l'occurrence, cette femme qui approche du pont. Sa démarche la trahit : elle a des appétits. Toute son histoire déferle derrière elle, avec son code postal ringard, ses fragrances exotiques. Les noms de ses rues commémorent les héros secondaires de la ville. Des maires et des hommes de l'ombre. Mais aucune des syllabes qui ont bâti cette ville, et il lui suffit de voir leurs noms sur son courrier pour sentir sa disette. Parfois, le vent tourne et charrie des arômes de l'autre côté du fleuve. Avouez, vous avez faim. Prenez vos couteaux et vos fourchettes et offrez-vous une tranche.

Pléthore de ponts, mais c'est son préféré. Diverses ancres maintiennent l'île en place pour ne pas qu'elle parte à la dérive. Vous aussi, vous tenteriez de fuir, si tout le monde vous écrasait de ses rêves. Une bête de somme, un palimpseste. Ça commence en douceur. À l'entrée, des illuminés tentent de fourguer des quiches aux haricots et des tracts religieux aux voitures immobilisées. Ces voitures attendent de pénétrer dans son quartier, alors qu'elle s'engage sur le pont pour en sortir. Au début, c'est plat, et elle se laisse bercer. Un pont prend toujours son temps pour dévoiler son jeu, et elle est séduite quelque temps par ses paroles de miel, jusqu'à ce qu'elle regarde sur le côté. Elle avait à peine remarqué la pente douce, jusqu'à ce qu'elle regarde sur le côté : les immeubles sont à hauteur de hanche. Elle s'est envolée sans même s'en rendre compte. Admirez le pont et sa rhétorique exemplaire, indispensable à cet envol, à cet acte de foi.

Libre passage. À la seule condition de se défaire de tout. Déposez ça dans les réceptacles prévus à cet effet. Respectez le protocole. Des réfugiés la croisent, et elle se demande quel est leur secret. Eux qui renoncent à ce qu'elle cherche. La passerelle de béton se fait lattes de bois, plus précaires. On remonte le temps. Plus loin, ça devient sans doute un pont de singe, sinon ça n'oscillerait pas autant. Des drapeaux américains épouvantaillent au sommet des arches. Que ne donnerait-on pour claquer au vent de temps en temps, ça ranimerait nos âmes. Mais à cet instant il n'y a guère qu'une maigre brise. Et puis elle se retrouve au-dessus de l'eau. Après la terre, les docks industriels, on regarde entre les lattes pour apercevoir le fleuve. En choisissant bien son moment, on peut cracher sur un touriste qui passe en bateau-mouche.

Arrêtons-nous une seconde pour nous laisser impressionner par ce splendide paysage urbain. Il y a tant d'édifices arrogants qu'on se croirait dans un congrès de frimeurs. Vous avez peut-être déjà vu ce panorama, en poster ou à la télé. On dirait un décor de cinéma, un trompe-l'œil faussement actif. Derrière ces façades rutilantes, il n'y a que du contreplaqué et des pots de peinture. Sur cette toile de fond, nous sommes tous des figurants. Les marcheurs ajoutent à leurs chaussures une usure imperceptible. Les joggeurs dépassent les marcheurs, sans rien voir d'autre que leurs gratte-ciel intérieurs, depuis longtemps indifférents aux miracles qui les entourent. Et les cyclistes les dépassent tous, dans un tournoiement de rayons : c'est une autre espèce animale. Il invente des paroles pour sa chanson, en fredonnant et en claquant des doigts. Les gens qui sifflotent en public se font fusiller du regard. Les parents font rempart de leur corps pour protéger leurs enfants des fous qui passent. Dans ses écouteurs, sa musique préférée est un commentaire ironique sur le spectacle déployé autour d'elle. C'est surtout le refrain qui dénonce le panorama avec plus d'enthousiasme que de drôlerie. Ici, dans les hauteurs, règne une autre atmosphère, favorisant d'autres espèces. Les oiseaux font ce qu'ils veulent, eux qui ont des ailes.

Sa traversée paresseuse du pont est suivie pendant une demi-heure par un homme depuis son appartement. Chaque fois qu'elle s'arrête, il essaie de deviner ce qu'elle regarde, ce qu'elle pense. Oh, être avec elle, être son compagnon dans cette expédition. Elle, accessoire involontaire de l'obsession d'un homme. Point infime parmi une multitude de points. À chaque pilier, des téléphones d'urgence proposent leurs services, mais jamais les secours n'arriveraient à temps. Une panne en plein désert. Un territoire sans loi, un no man's land. Si vous avez besoin d'une révision, je vous conseille de marcher. Si vous coulez une bielle ici, personne ne pourra vous aider. Les bornes d'appel de la police, hors d'usage, sont reliées à nulle part. Décrochez et vous appellerez un commissariat qui a brûlé il y a des années. Quelle est la nature du problème. Les fibres optiques restituent mal les haussements d'épaules. Et il n'y a personne pour vous empêcher de filer jusqu'au parapet et de vous jeter dans le vide et dans l'eau. Personne ne pourrait vous en empêcher. Les conducteurs ralentissent pour tendre le cou, les autres marcheurs vous encouragent ou vous dissuadent, mais pas une main tendue pour vous retenir. Tout vous sera révélé dans les dernières secondes avant l'impact, mais à ce stade il n'y aura plus moyen de prendre en compte ces révélations, ou de faire des excuses. Continuez. Allons, avancez. En faisant ce voyage, on plaide pour la vie ou le manque de volonté. De là-haut, tout paraît brumeux.

Asseyez-vous un peu pour apprécier le panorama. Ce sont des commissions municipales, en se basant sur d'antiques estimations, qui décident de l'emplacement des bancs. Mais elles ont toujours tenté de réglementer votre point de vue. On ne devinerait pas, à les voir ainsi perdus dans leur contemplation distraite, qu'il lui pelote les fesses à travers son jean. Ce programme vous était offert par le service des travaux publics. Un chef-d'œuvre d'ingénierie. Disponible en fer-blanc chez tous les marchands de bibelots. Çà et là, des plaques de bronze perpétuent l'Histoire. Mais rien ne commémore les lieux magiques de chacun.

Il y a deux ou trois ans, il s'est arrêté ici même, a défié du poing les gratte-ciel indifférents et s'est écrié : Vous ne pouvez pas me briser. Maintenant, il a deux gosses et un bureau à lui. Après leur première nuit ensemble, ils ont traversé le pont, quêtant sa bénédiction. Jusque-là, ça va. Un jour, surpris par la pluie, vous vous êtes blotti contre une arche. Sans refuge possible, une fois de plus, à la merci des éléments. Un caprice du vent vous a ménagé un minuscule espace au sec en attendant de pouvoir repartir, et dans l'intervalle vos yeux se sont dessillés et vous avez fait un serment. On gonfle ces épisodes jusqu'à leur donner une dimension métaphysique. On raconte une histoire qui représente beaucoup, et on récolte de vagues hochements de tête malgré tous les superlatifs. Il y a des années, elle a choisi une fenêtre en se disant qu'un jour c'est là qu'elle habiterait, et que de cette fenêtre elle les regarderait traverser le pont comme elle le traverse maintenant. Les locataires remplacent d'autres locataires et les rideaux. Les rideaux des occupants actuels sont fermés pour l'exclure, elle et son engeance. Elle s'est rapprochée de la ville, certes, mais est-ce qu'elle s'est vraiment rapprochée de ses rêves.

Les couches de peinture écaillée trahissent les projets d'embellissement. Si seulement ils comprenaient que toute cette peinture n'est qu'un fardeau supplémentaire, que le pont croule sous nos bonnes intentions. Une couche de plus et tout s'effondrera. Le pont halète, épuisé. Râle. Râle. Chaque véhicule qui passe le fait vibrer, et elle ressent la vibration jusque dans son âme. Si ça tremble, c'est que ça peut tomber. Les voies jumelles enserrent le chemin piétonnier comme des parenthèses. S'il ne tenait qu'à eux, il n'y aurait pas de piétons du tout, seulement de la marchandise qui filerait à double sens, et non ces véhicules de chair et leur piétinement pathétique. Chaque jour vient le moment où le nombre de voitures entrant dans l'île correspond exactement au nombre de voitures sortant de l'île. Pas de sirène, pas de clignotement, mais le pont passe ses journées à guetter ce moment, et soupire quand il se produit. Elle traverse. Sa balance intérieure cherche l'équilibre parfait tandis qu'elle franchit cette gigantesque balance. Un excès d'humeur, un excès d'idée, et elle basculerait. Ses ennemis passent leurs journées à guetter ce moment et applaudissent quand il se produit.

Au milieu. Il n'y a plus le choix, il faut aller de l'avant. On est pris en flagrant délit de métamorphose, de changement de masque. Ne regardez pas en arrière, vous seriez affolé d'avoir si peu progressé. Un jour, un homme a planté sa tente ici, et s'est fait embarquer. Il a dit à la police : Je renonce à New York et à ses cinq quartiers. Vous avez le droit de rester, vous avez le droit de garder le... Vous avez le droit d'insulter les dieux. Si vous n'avez pas de philosophie, on vous en désignera une. Vous cherchez dans les yeux des autres une étincelle commune. Sans convertir personne, malgré votre prosélytisme. Parler dans son portable trahit l'esprit du lieu, sauf pour décrire tous les détails aux alités. Murmurez quelque chose de romantique, s'il vous plaît. Le pont a une longueur d'ondes bien à lui. Les câbles s'affaissent et s'élèvent, tel un destin humain en filins métalliques. Les gens marchent entre ces défenses d'ivoire, escaladant un éléphant. Comme de vulgaires puces. Les touristes photographes parlent les langues maternelles des hommes qui ont construit cette chose. Les restes de leurs ancêtres gisent au fond de l'eau, parmi les portes de frigo et les plaques minéralogiques. Ils ne peuvent pas faire signe, mais les courants agitent leurs os comme pour faire signe à leurs descendants. On ne voit rien dans cette eau trouble.

Plus loin, on perçoit vraiment toute la longueur de l'île. La vérité n'est pas dans les monstruosités en vitrine à son extrémité, mais dans la longueur monstrueuse de l'île qui s'étend derrière. Comme pour dire : Tu n'avais pas envisagé la chose dans son ensemble. Mais elle n'a jamais su saisir les allusions. Têtue comme les rues et les ponts. Tout ça ne représente rien pour lui. Ce qu'il a sous ses pieds, ce qu'il voit sur l'autre rive, ce n'est jamais que l'arrogance des hommes. Il n'a guère de succès dans les soirées. Regardez vers l'ouest pour vous remémorer les océans, cherchez-y la preuve que vous n'avez pas toujours été prisonnier des terres. Le reste du monde se trouve à la périphérie de votre champ de vision. Ce regard neuf pousse à l'introspection. L'introspection, ici, se laisse draguer, courtiser à coups de panoramas et de points de vue, ces fleurs minables. On décide de se tenir à carreau. On décide de faire de meilleurs choix. De le quitter. D'adopter un chat. Autant de petits choix magnifiés en enjeux de vie et de mort. D'ici, j'aperçois ma maison.

Le pont ne gâte pas les photographes (qui pullulent pourtant). On se demande pourquoi ils choisissent tel endroit plutôt qu'un autre. Ils regardent, ils s'arrêtent et ils proclament : Je veux immortaliser ça. Il y a du cumulus qui s'amoncelle là-haut, et ça gâche la lumière. On débite de la carte postale. On ne bouge plus, on prend la pose. Un déclic, un frisson. Il n'y a pas que les couchers de soleil qu'on préserve ainsi. Désormais, chaque fois qu'il regardera les photos, cet endroit lui rappellera leurs dernières vacances ensemble. Plus tard, les petits-enfants regardent les photos sans parvenir à concilier ces images avec les ancêtres baveux qu'ils connaissent et qu'ils craignent. On envoie à un ami les photos prises aujourd'hui pour entretenir l'illusion qu'on est encore amis. L'arrière-plan résume tout : comparée à cette vue, notre vie n'est qu'un flash. On reste aveuglé plusieurs secondes. Et puis tout revient. La mâchoire au bout de l'île et ses dents affamées.

Ce pont franchit les eaux. Comme elle franchit les jours. Tous deux défient la pesanteur. Ce petit rivet a beau faire son possible, ce n'est qu'une question de temps. Comme vous déployez des prodiges de volonté pour ne pas vous atomiser. Ne vous épuisez pas. Ne craquez pas. Et écoutez bien, parce que je ne le répéterai pas : Nous avons besoin de tous nos monuments, quelle que soit leur taille, qu'ils soient de pierre sculptée ou d'argile mortelle. N'oubliez jamais que votre souffle est une inspiration, que chaque souffle est une merveille d'ingénierie. Vous êtes méritants. S'il n'y avait pas pénurie de plaques, elle en aurait une rivée à son ventre, la célébrant dans toutes ses singularités. Avec un espace vide pour la date d'achèvement. Là-haut, il y a des brises fraîches et des mouettes, créatures fugitives. Elle et le pont portent tant de choses, ils possèdent un poids que nul vent n'emportera.

Qu'est-ce que tu espérais accomplir par cette petite expédition. Rien n'a changé. Rien ne change jamais. Pressentiment funeste. Plus tu t'approches de l'autre côté et plus tu ralentis. De l'autre côté, fini de rêver. Rien que la terre ferme. Alors on repousse le moment le plus longtemps possible. Voici un autre signe, rien de solennel, un peu de métal rivé, mais un signe tout de même : le maire vous souhaite la bienvenue dans le district de Manhattan. On placarde le nom du nouveau maire par-dessus le nom de l'ancien maire pour économiser l'argent du contribuable. Salutation immuable d'une équipe municipale à l'autre, constante et intemporelle. Car, quelle que soit leur couleur politique, tous comprennent la séduction des ponts, tous ont fait ce trajet plus d'une fois. Ici, c'est un vide apolitique. Plus que quelques mètres à parcourir. Elle se remémore le sentiment de déception qu'elle éprouve chaque fois qu'elle arrive au bout, puis elle le ressent, ce sentiment de déception. On vérifie qu'on est sain et sauf. Tout est à sa place. Il n'y a pas de miracle. Les clefs de la ville sont tombées de sa poche en chemin et elle ne surplombe plus rien. Ne possède plus rien. Il y a de multiples entrées à ce labyrinthe. Aujourd'hui, tenant compte des erreurs passées, elle choisit un nouvel accès. Qui sait où elle aboutira cette fois. En disparaissant dans la foule. C'est écrit en toutes lettres dans la charte de la ville : on a le droit de disparaître. La ville s'empresse d'effacer toute trace. C'est la loi.

HEURE DE POINTE

Une journée à gagner sa croûte, et puis c'est l'heure de partir et ils envahissent les rues. Il fait déjà nuit. Leurs jours raccourcissent, leurs jours sont comptés. En cette période de l'année, on se sent grisonner, grisailler davantage. Des dessins punaisés ajoutent une touche d'intimité. Ils décident de ce qui attendra jusqu'à demain, éteignent les lampes de bureau, émergent des cloisons de leur module. Par les temps qui courent, la déception est modulaire et interchangeable, facile à monter. Conformément au diagramme, on assemble deux mots : À demain. Les gens se massent dans les ascenseurs et descendent vers l'entre-deux, vers l'espace entre le travail et la maison qui est comme une rêverie : c'est là qu'ils vont pour donner un sens à ce qui vient de se passer et pouvoir avancer un peu.

On s'évade du centre-ville. On tente sa chance par le mur ou le tunnel. Les formes géométriques élémentaires sont prises de folie. Les architectes ont couché l'inconscient dans l'acier et le béton. La naissance du premier-né, l'adieu à la maîtresse, la pension alimentaire : tout est inscrit en code dans les colonnes, les décorations des façades, les fenêtres qui ne s'ouvrent pas. On marche dans l'ombre du fantasme, on trime dans les monuments dédiés au déclin amer. Le paysage urbain dessine la mégalomanie des générations successives, visible à des kilomètres, et inévitablement tous ceux qui le voient tirent de ces fables une morale erronée. Les immeubles communs ne vivent que bien peu. On reconnaît la famille royale à sa hauteur, à vue d'œil, et au fil du temps on mémorise les couronnes. Certains de ces immeubles sont arrivés par mer, remorqués depuis les îles des mers du Sud où ils avaient été sculptés dans la roche noire volcanique. Sombres glaciers. Tant de choses tapies sous la surface. Dans des immeubles uniquement composés de treizièmes étages refusés ailleurs, il se déroule de sinistres transactions. Bureaux À Louer. Bien peu d'immeubles par ici méritent d'être des gens, mais à en juger par ce lugubre cortège de visages, les humains qu'on y voit pourraient être en placoplâtre. De l'acier dans les os, du mortier dans le sang. Du granit à perte de vue.

Les ornithologistes identifient les paons d'entreprise à leur plumage à rayures. Qu'est-ce qui peut bien leur passer par la tête, à ces drôles d'oiseaux. Ces deux-là ont le même tailleur, et quand ils se croisent ils en éprouvent un grand soulagement. Un patchwork qui ne tient que par quelques fils. On compte sur le camouflage pour assurer sa sécurité. Il se sent tellement castré, question costume et attaché-case, que seul un bon cirage de chaussures peut le remettre d'aplomb. Voici Monsieur Sur Mesure : tout ce qu'ils ont fini par craindre se niche dans ses coutures magiques. Une fois démasqué, il ne s'excusera pas de porter une culotte de femme. C'est tellement plus confortable. Le son de ses talons aiguilles martelant le plancher du bureau fait trembler les simples mortels, mais sur le trajet du retour elle bénit ses tennis de lui baiser les pieds. Encore un jour avant le vendredi, où on peut s'habiller décontracté, chic alors ! En blouson d'aviateur, en mocassins bateaux, comme s'il suffisait de s'habiller dans la langue de l'aventure pour quitter le sol et accéder à mieux. Le courant d'air qui encercle l'immeuble l'avertit enfin que sa braguette est ouverte depuis des heures. Fait frisquet ce soir.

Les journées sont ponctuées de rituels si étranges. Les pions et les tours se déplacent conformément aux règles. On prend ou on est pris. On tue ou on est tué. Une bonne paire de baffes à la prochaine personne qui lui marche sur les pieds. Diplômé avec mention de l'Institut des Franches Poignées de Main. Turbine, je vous présente Châssis. Marteau, je vous présente Enclume. Prochaine étape : on échange les cartes de visite. Vous avez une carte, J'ai une carte. Tenez, voici ma carte. Elle vous plaît, ma carte ? Les cartes se frottent les unes aux autres dans les portefeuilles et engendrent des cartelettes. C'est l'origine secrète des peluches qui peuplent le fond des poches. Poignardé par l'épingle qu'il a oublié de retirer de sa chemise neuve. L'arsenal miniature du karma. Ils lui ont proposé d'aller prendre un verre, mais elle a remis ça à une prochaine fois parce que la journée a été longue et que certaines personnes ont été promues sur sa liste d'ennemis. On les coche en vue d'une vengeance, lundi 14 h 30, ça vous va ? C'est grouillant et brouillon. On fait des plans, on fait au mieux, on fait affaire. Plus vite plus vite plus vite. Le vieil homme trébuche et tombe et se fait piétiner et ils l'aideraient bien à se relever mais ils n'ont pas le temps pas le temps pas le temps.

Si tu vivais ici, tu serais déjà à la maison. Il reste bien assez de temps pour repenser aux dernières heures et ruminer ce qui ne s'est pas passé comme prévu. Les spasmes taraudent, les spasmes torturent et avertissent, les spasmes passent en quelques minutes, du moins c'est ce que nous enseigne l'Histoire au sujet de cet ulcère. Au kiosque où il voulait acheter un médicament contre les aigreurs, il fait tomber sa monnaie parmi les confiseries. Après une journée passée à s'abriter derrière les secrétaires et la boîte vocale, le moindre contact humain suscite l'angoisse. On attribuera sa traversée arrogante du passage clouté aux compliments journaliers sur ses multiples talents. Ces lauriers sont terriblement confortables, elle pourrait peut-être se reposer un peu dessus. Aujourd'hui, au déjeuner, on l'a fait asseoir à la table des grouillots, c'est dire si les nouvelles vont vite. Un vrai jeu de l'oie. Tant qu'à faire, autant lui enlever son bureau, amener une cage et une roue, suspendre une carotte au plafond et arrêter de faire semblant. Quelle fatigue : passer sa journée à s'attribuer le mérite du travail des autres, c'est vraiment usant. Il échoue en tout, sauf dans sa peur de réussir. Encore une fois, ça lui est passé sous le nez. L'archiviste des vexations. Le succès d'autrui, c'est du pain qu'on vous enlève de la bouche, l'étreinte que vous refuse quelqu'un qui aurait dû vous aimer davantage. En plein déjeuner, elle a compris que le plafond de verre permet d'apercevoir l'enfer des autres. Les mecs du service courrier veulent sa peau, il en est sûr. J'attends votre démission pour demain matin.

Ceux qui ont travaillé un peu plus tard se déversent sur les trottoirs, concurrents imminents pour des sièges dans les transports. Un petit signe de la main pour dire bonsoir au vigile. Les cartes d'accès électroniques contrôlent les allées et venues, identifiant les employés non par un numéro déshumanisant mais par un surnom cruel. Salut, Tête de Seau. Pas de doute, en contemplant le hall, les clients comprendront qu'on ne plaisante pas. Pas vrai ? Pas vrai ? On dirait du marbre, mais c'est du toc. Les verrières et les marées humaines érodent ces falaises imposantes. Les promoteurs ourdissent un meurtre, ourdissent l'abolition des plans d'occupation des sols imposant un minimum d'espaces publics. Il faut leur donner un os à ronger. Est-ce que l'argent des contribuables sert vraiment à subventionner la conception l'exécution l'installation de ces œuvres hideuses. Du métal tordu en formes vaguement humaines. Dans cette lumière d'automne, difficile de distinguer entre les abstractions. Leurs postures flétries suggèrent assurément une exposition au chalumeau, à des températures inhumaines, à une forme de fournaise. Les éléments se sont dépouillés de leur couche imperméabilisante et les voilà sans défense. Alors on fait ce qu'on peut. Rouillez lentement, les amis, et laissez des petits bouts de vous partout où vous irez.

Si improbable que cela puisse paraître, la journée réserve encore quelques humiliations. La journée dilue l'humiliation dans la frustration pour la faire durer. Abomination, ton nom est Métro. Il n'arrive pas à passer. Ils déferlent par les tourniquets, les heurtant de la hanche, et refusent de le laisser passer. Il faut qu'il rentre chez lui, mais à peine fait-il mine de s'engager que quelqu'un d'autre lui fonce dessus. Comme un poisson hors de l'eau, fraîchement diplômé. Tout le monde sait comment ça marche, sauf lui. Tous ses collègues, de tous les étages, sont entassés dans cet unique wagon : les auteurs de mémos, les porteurs de mémos, les recenseurs classeurs et broyeurs de mémos, les toujours-à-leur-bureau et les jamais-dans-les-parages. Comment ils font pour tenir là-dedans. En se chamaillant comme des pigeons pour quelques miettes de sièges rassis. Tout le monde se croit plus méritant, tout le monde croit avoir eu une journée plus dure que les autres, et tout le monde a raison.

On pénètre dans la cathédrale. Forcément, les Hollandais ont eu un choc en découvrant la gare de Grand Central sous ce grand amas de terre. Hélas, vous connaissez les Indiens, et leur politique très stricte : pas de remboursement sans preuve d'achat. Et puis, oyez, oyez, la terre se refroidit, et Grand Central émergea en bouillonnant de kilomètres de magma, fichée dans la croûte de cette île, indélogeable. La première immigrante. Toujours pas intégrée. À jamais indigestible. Le fleuve de gratte-ciel la contourne de part et d'autre. Les voyageurs la rejoignent à la nage et s'y cramponnent, savourant une prise ferme dans ce torrent d'écume. Les églises s'emplissent à intervalles réguliers, selon un horaire prévu par les commerciaux. Comme tous les vrais orages, l'heure de pointe débute en une modeste ondée, puis devient déluge impie.

La nuit de la ville avale les étoiles. On devra se contenter des constellations peintes sur la voûte du grand hall. Cosmos de substitution. Les Ourses, les Cancers, les Ceintures de là-haut ne bougent pas, paralysés de honte par les étoiles qui filent sur le sol de la gare selon une trajectoire qui doit les ramener chez elles. Un petit billard ? La voix des haut-parleurs est la queue talquée qui disperse cet assortiment de boules colorées, qui les fait ricocher, atterrir dans les poches, rouler jusqu'à la Voie 17 Voie 18 Voie 19. Il y en a toujours quelques-uns pour rester immobiles, frappés de stupeur, abasourdis par le spectacle et la vitesse. Pourvu qu'ils parviennent au guichet des renseignements. En grognant, en rampant, à quatre pattes. Sur le tableau des départs, les trains en partance se battent pour monter en grade. Il se déride quand le nom de sa ville est annoncé par la sono. On économise pour acheter une maison deux arrêts plus loin. On se déverse dans l'accès aux trains. Il faut vivre chaque minute comme si on était en retard pour le dernier train. Credos à vendre, achetez votre credo chez nous. Ils se retrouvent ici tous les jours à cette même heure pour se tenir par la main et échanger des murmures. De temps à autre, l'espace d'une seconde, contre toute vraisemblance, tout le monde regarde en même temps une montre ou une horloge. Est-ce que vous avez pensé à conserver assez d'énergie pour le sprint final. C'est quoi, ce bruit horrible, on dirait la porte de l'enfer, grinçante et chuintante : un pantalon de velours côtelé marche derrière vous. Nombreux sont les masques du destin.

Tickets, s'il vous plaît. Hé, Monsieur le Contrôleur, vous auriez pas une petite prière, quelque chose d'adapté aux pèlerins. Les fidèles s'installent. Ironie du sort, celui qui dit toujours : C'est bien de l'avoir dans ses relations, est assis à côté de celui qui dit : Je vais organiser une rencontre. Que cachent-ils donc dans leurs mallettes et dans leurs sacs, pour les garder aussi jalousement ? Des poupées vaudou trônent au-dessus des derniers comptes d'exploitation. Redoutez le retour à la maison, car c'est peut-être aujourd'hui que vos enfants auront découvert le vrai visage du monde, et comment leur expliquer ? Qu'est-ce qu'un genou écorché comparé à ce qui les attend ? Ce qui les guette par-delà certains seuils : mariages, matelas, mensualités de toutes sortes. Le trajet suffit tout juste pour se mettre dans la peau du rôle et se remémorer ses répliques. Ce moment gênant, cet après-midi, où elle a oublié le nom de sa fille. On paie pour s'asseoir, pour prier. À croire que ces humiliations et ces sacrifices quotidiens ont un sens, qu'ils sont répertoriés par ceux qui tiennent les comptes. Demain, on reprendra les choses où on les a laissées. Dormez bien. Dormez dur. Dormez du sommeil des chanceux, car par miracle vous avez réussi à finir la journée sans qu'on découvre que vous êtes un imposteur.

EN VILLE

On saute à la corde, on boxe dans le vide surtout. Les champions s'échauffent pour le grand combat. Ils jouent tellement gros. Le miroir au coin de la pièce conseille : Garde les poings hauts et la tête basse. Et puis la cloche retentit et on quitte les appartements, les identités professionnelles, pour se glisser dans les rues, les déguisements nocturnes. Le crépuscule est une fabrique de masques.

La *happy hour* s'abat en un brouillard rampant. C'est la soirée filles, l'opération cocktails-gélatine, la formule deux-pour-le-prix-d'un. La barmaid supervise la distribution de gnôle diluée, recueille des bribes de conversation. Les gens la vident, goutte à goutte. Les buveurs solitaires racontent par leur attitude des histoires tristes et édifiantes. Il collectionne les sous-bocks du monde entier. Celui-ci, il en a déjà des tonnes. Voilà la bière idéale quand on compte en boire beaucoup. Assise au bar, elle attend de se faire draguer comme dans les films. Ou simplement sauver. Les yeux glissent d'un tabouret à l'autre comme des doigts sur des étagères de livres. On parcourt le rayonnage, on s'attarde sur des titres comme on se fait parcourir, feuilleter, examiner. Il reste toujours quelques volumes à explorer. On sort de sa poche arrière une autre personnalité. Peut-être que celle-là fera l'affaire. Il surprend ses paroles dans la bouche de quelqu'un d'autre et regrette que ses griefs soient si communs. Il faut ralentir la cadence. La soirée ne fait que commencer.

Ils dévalent les marches du musée après avoir ingurgité la grande expo de la saison. Elle se sent tellement plus à l'aise pour singer les critiques quand elle a dans sa poche un vrai billet d'entrée. Quand ils ont pénétré dans la salle d'art et essai il faisait encore jour. C'est le prix à payer pour les séances en matinée. Qu'est-ce que t'as envie de faire. J'sais pas. Tout le monde connaît les nouveaux restos à la mode, sauf eux. Ils ne sortent plus autant qu'autrefois. Hantés par les yeux de fouine de la baby-sitter. Selon ce qui se passe dans le reste du monde, il peut conserver son titre mondial du pire serveur pendant des minutes entières. La marche à suivre face aux plaintes des clients est placardée à la porte de la cuisine. Économisez votre salive. Fulminant dès les amuse-gueule, ils gardent leur dispute au chaud pour ne pas se donner en spectacle. C'est agréable d'avoir une activité ou un hobby qu'on peut partager avec son conjoint. Ce couple-là a choisi la rancœur, et ça les a rapprochés. Pour une fois, si improbable que cela puisse paraître, ce sont eux qui forment le couple bien assorti de cette tablée de quatre. Roulement d'yeux exaspéré en l'entendant commander le menu. Ça m'a l'air bon. Ils dînent ici une fois par mois, mais cette fois quelque chose leur fait comprendre que ça ne va plus entre eux et ils ne reviendront jamais. Le compte à rebours est commencé : bientôt, les premiers symptômes d'intoxication alimentaire. Voulez-vous un dessert. Notre spécialité, c'est le doux-amer.

Ça doit être ici. Mais non. Cette adresse n'existe pas. Dans une autre ville, peut-être, mais pas ici, ou peut-être dans le futur, mais pas maintenant. Et puis des transfuges ouvrent la porte et tout commence. Il assure qu'il est déjà venu. Il ne connaît pas âme qui vive. Perdu dans un cocktail. À qui parler. N'importe qui. Vider la glace fondue, une fois de plus. Aller au bar, aller aux toilettes : au retour, la conjoncture astrale sera plus favorable. Peine perdue. Répandre cette rumeur, c'est plus difficile qu'on n'aurait pu le croire. Les jardiniers conseillent la patience : certaines choses prennent racine, d'autres non. S'il a à choisir entre deux soirées, le mec là-bas fera toujours le mauvais choix. La preuve par l'exemple. Il y a des gens qu'il est impossible d'arracher au buffet. Voilà une demi-heure qu'elle essaie de convertir des gens à ses griefs, en vain. Mais qu'est-ce qu'elle lui trouve. Il est tellement transparent. Et il a l'âge d'être son père. Pendant trente secondes, ils habitent la ville de rêve qui les a attirés hors de leur province natale, et puis ils s'aperçoivent qu'ils marchent dans le vide et ils dégringolent. Les précipices, on en voit surtout dans les films, mais il y en a aussi dans les soirées. En vérité, je vous le dis : quand les livres de photos sauront enfin marcher et parler, les gigolos et les pin-ups ne trouveront plus à se caser.

Les branchés cherchent refuge à l'église Notre-Dame de la Sous-Culture Éternelle. Ils se demandent un peu s'ils sont encore fashion, avant d'être rassurés par la confidentialité du lieu et l'arrivée de leurs semblables. On garde l'adresse pour soi : la plèbe n'a qu'à se débrouiller. Putain, à voir cet art conceptuel merdique, je me sens moins gêné par mes divers problèmes affectifs. Il faut qu'il s'esquive tôt pour retourner à sa création médiocre. Un ban pour votre vie intérieure si riche : puisse-t-elle vous être utile au moment de payer le loyer. De l'alcool après la bière : jamais été aussi malade. C'est moi qui régale. Il se retrouve à offrir toutes les tournées. D'une heure à l'autre les clients changent, il leur pousse des bosses des cornes des écailles. On fait du bruit pour rien : son fiancé est en vadrouille, son ancien colocataire en visite, le groupe de mon ami donne un concert en ville. Il a prévu trop de trucs avec trop de gens, tout ça finira mal. Elle est un peu inquiète, car à minuit la nouvelle législation entre en vigueur et avec ces lois draconiennes, dites « Retourne chez ta mère si tu veux pleurnicher », elle ne va pas pouvoir s'exprimer pleinement. À nous deux, la ville. Mais c'est toujours la ville qui gagne.

La notule du journal n'indique pas le bon itinéraire pour le nouvel endroit à la mode. D'un seul coup, ils se retrouvent dans les rues vides de quartiers inexplorés et doivent s'enfoncer encore dans les ténèbres avant d'arriver à bon port. Des carrefours et des impasses sortis tout droit des légendes métropolitaines, des portes murées, des journaux cascadeurs imitant les broussailles de westerns. Les potences des réverbères. Le bruit des pas de malfaiteurs en maraude. Ils demandent : Tu m'entends ? Ils demandent : C'est bien toi à côté de moi, ou bien c'est la fin de tout ? Et puis la musique pénètre leurs tissus, ils aperçoivent les lumières et la foule, mais ils ont vraiment eu peur : pourvu que personne ne sache qu'ils sont encore capables de peur après toutes ces années. Mais il y a toujours une chose sur laquelle on peut compter : la nuit sait garder un secret. Les portes de la boîte sont fermées. Ceci est le modèle le plus répandu de Vigile-À-Louer. Il ne cille même pas. Les dernières avancées en matière de satanisme lui permettent même de jauger les âmes des aspirants clubbers. Sous un certain angle, la corde de velours a l'air de sourire. Une délégation de cadavres s'avance en titubant sur des talons foncièrement instables. Elle a lu dans le journal que cette saison le formol est à la mode. Simple question d'économie : s'ils ne laissaient passer que les people, qui paierait l'entrée ?

Et on disait que sa chemise était criarde. Désirs de pantomime. Un par un, la bande s'égaille pour de nouvelles aventures. Au réveil, le lendemain après-midi, ils compareront leurs expériences. Défauts de fabrication des gens riches et célèbres. À la porte des toilettes, il faut frapper poliment. Les gens y font des choses inavouables. C'est très suspect. Attention : voici la course nocturne des assistantes anorexiques. Elles n'ont aucun mal à se faufiler. Tout le monde est tellement beau, tellement bien agencé, que j'ai envie de dire : Beau travail, soldats, continuez comme ça. Le DJ a étudié les lois de l'évolution et connaît la porte secrète du cerveau reptilien. Le rythme incite à la révolte, recrute les membres et les hanches, dépouille le navire de toute volonté. Apparemment, cette chanson est un tube. Des danses lascives déclenchent des réactions. Après tant d'années, on fait toujours tapisserie. Oh, si seulement on osait s'approcher de quelqu'un en dansant et se mettre à faire la... comment ça s'appelle, déjà. Les membres baladeurs condamnent les verres à l'exil sous les tables. Coudes talons mains têtes. Attention au grand enfant pataud, là-bas à dix heures : ils ont tendance à agiter les bras en dansant. Elle se regarde onduler des hanches. Pas mal du tout.

C'est la pleine lune. Les effets sont faciles à observer, aux urgences et aux distributeurs de billets. Besoin d'argent accru. Si seulement ils pouvaient retirer du bon sens. Les amis vous incitent à des actes mal avisés. Parler à cette femme, régler ça aux poings, voler des objets. Elle le suit depuis deux kilomètres et il n'a toujours rien remarqué. Les rues à cette heure-ci sont une comédie vulgaire. Ils scandent : Battez-vous les filles, battez-vous les filles. Pourquoi, quand il y a un excité dans les parages, c'est toujours sur lui que ça tombe ? Il a tellement l'air d'un pigeon ? On les reconnaît, vieux souvenir de lycée, et on s'enfuit. Au-delà du club de jazz tout humide de solos, au-delà du bar du coin avec sa folkeuse solennelle. Après ce set, elle aura assez de fric pour s'offrir un nouveau dictionnaire de rimes, haut de gamme, où elle trouvera un mot qui rime avec « orange ». Après des heures passées dans ce nouveau contexte, on tombe sur la caissière de la supérette. Le choc des mondes. Il y a un flic. Ça paraissait une bonne idée. Maintenant il va passer le reste de sa vie à expliquer, en moyenne 3,5 fois par semaine, d'où lui vient sa cicatrice. Si les victimes se réunissaient, elles attribueraient toutes l'origine de leurs malheurs à cette maudite cabine téléphonique. C'est la seule en état de marche dans un rayon de plusieurs kilomètres, et tout ce que les gens y disent provoque des catastrophes. Un télégramme urgent du ministère des Pensées déprimantes : J'ai réfléchi stop Il n'en sortira rien de bon stop. Telle la lune, on n'est visible et actif que quelques jours par mois. On exerce une influence, on soulève des vagues. Le reste du temps, on décline, découpé en quartiers, et personne ne sait où on est. Il fait tellement froid. On est presque arrivés, mon amour.

On entretient l'illusion que ce soir tout sera différent, au besoin en apportant un générateur de secours. Il y a plein de place dans les cafés prévisibles, pas d'attente, qu'est-ce que je vous sers. Le menu ne change jamais. C'est plus ou moins le statu quo entre vous, une amitié chargée de tension sexuelle. Mémo intime : prévoir de donner l'assaut la semaine prochaine. La soirée garçons percute la soirée filles sur un malentendu : qui a la priorité ? Tu le reconnais peut-être, il jouait dans des flirts ratés tels que Sur le pas de ta porte et Couloir obscur à la fête de Noël du bureau. Elle s'est persuadée qu'elle n'a pas d'objectif secret pour cette rencontre. Il attend une brèche dans la conversation pour révéler le véritable but de ce rendez-vous. En matière amoureuse, il n'y a pas de leçon qu'il n'ait durement apprise. Non, elle ne l'a jamais trompé, mais, dit comme ça, cela ressemble à un défi. Deux verres de trop pour pouvoir encore supporter de tomber sur de vagues connaissances, des parents, des collègues. Ils feront leur rapport. L'un après l'autre, nous devenons méconnaissables.

Attendez, ce n'est pas fini. Sous le grand chapiteau. Dans de minuscules pièces aux conversations policées, dans des tavernes à bestiaux, dans des clubs caverneux, les citoyens font la queue pour les mêmes attractions, jeux truqués, manèges cassés. J'aime bien ton fez. Il reste encore bien assez de temps pour faire du lèche-bottes, exprimer ses griefs, exposer ses défauts. La personne la plus importante de la pièce dégage un champ magnétique et les serviettes en papier se laissent aspirer en voletant. Il faut viser le ventre mou, c'est le point faible. Quelqu'un a un chewing-gum ? Elle doit faiblir, car tout le monde se comporte comme s'ils la perçaient à jour. Les gens se fient à leurs accessoires favoris, de vieilles blagues, un décolleté, l'anecdote n° 7. On va tester l'anecdote n° 7, elle est deux fois plus efficace que la n° 6, et deux fois moins longue. On applaudit sa verve. On est encore loin de la chute, mais on sait déjà que la blague va faire un flop. Vu leur réaction, c'est un mot qu'on n'est plus censé employer en société. Saviez-vous qu'on élimine autant de calories en souriant poliment qu'en disant ce qu'on pense ? La pièce se vide momentanément, et il en profite pour avouer son amour. Au moment où elle va répondre, tout le monde revient. Ils ont été mariés, autrefois, et aujourd'hui ils divisent la pièce comme naguère ils divisaient leurs amis. Je te défie de franchir cette ligne. Certains frottent leur alliance avec le pouce quand la créature apparaît. Il tente de déchiffrer sa posture tandis qu'elle parle à ce fringant inconnu. Quelque chose déclenche les signaux d'alarme. De la fumée, sûrement. Je te parie dix dollars qu'ils vont partir ensemble. On s'aperçoit soudain qu'on parle beaucoup trop fort. On dirait que tout le monde est parti, qu'est-ce que ça veut dire. On s'est fait voler son manteau.

Un peu plus cauchemardesque, s'il vous plaît. Puisque vous insistez. C'est exactement le genre de comportement que son analyste lui a déconseillé. Il s'habille comme ses amis, pour ne pas qu'ils soupçonnent qu'il est différent. Pour éviter d'être rejetée, elle s'habille de façon à exagérer sa singularité ; mais le véritable ennemi, ce n'est pas le dédain, mais l'indifférence. Il n'est sans doute qu'un élément de plus d'une morne série, et toutes ces déceptions passées le rendent invisible. On justifie à l'excès un nouveau plan de carrière. Et il ose encore se montrer, après ses récents déboires. On passe une minute ou deux à se délecter des déboires d'autrui, avant de replonger dans ses propres insuffisances. C'est sa énième pinte, mais il doit avoir un trou dans le gosier, ou bien un vide intérieur, car il ne se sent même pas gris. Ce qu'on prend chez elle pour du mystère n'est qu'un effet secondaire de ses médicaments. Il se passe quelque chose sous la table. Des gargouilles sont descendues du toit pour se substituer à ses amis, mais il hésite à réagir, car à vrai dire il les trouve drôles, et plus chaleureuses que ses vrais amis. Indice révélateur.

Il faut les impressionner par le choix des morceaux, en vrai gourou des juke-boxes. Si on choisit bien les boutons, elle se laissera endoctriner, deviendra une adoratrice.

Ou plutôt une disciple, car ces tracts contiennent toute une philosophie. Alors, elles arrivent, ces chansons ? Dans toute la ville, des juke-boxes caractériels retardent le départ. Chaque sélection les ballotte dans un sens et dans l'autre, tristes, à la dérive, à moins de déjouer la lame de fond des accords mineurs. Ce soir, la chanson qu'on a toujours méprisée surgit du juke-box en majesté et pour la première fois on entend les paroles, on comprend les paroles pour la première fois après tant d'années. Grâce à ce moi nouveau, à l'âme plus mûre. Et on en fait sa chanson préférée. Tout ce temps, on avait mal compris les paroles. Certains ont déjà décrété comment la nuit va finir. Personne n'a remarqué sa bague de fiançailles, alors elle renverse leurs verres. Accidentellement exprès. Il lâche tout ce qu'il a sur le cœur, c'était la gorgée de trop, mais elle a sa dose de solitude, merci, pas question d'en accepter davantage. On glisse la main à la poche pour museler cette part brisée qui s'exprime.

Dernière tournée. Le signal que la nuit est finie pour quiconque a un atome de bon sens. Quiconque a un atome de bon sens sait qu'il est temps de dire Bonne nuit. À partir de maintenant, il y aura des conséquences. Un dernier pour la route. Il se fait prier. Ma cuite se porte bien, tout baigne, merci. Les adjectifs aptes à décrire les toilettes sont si rares que le gouvernement en a fait une espèce protégée, à l'abri des braconniers ; à vous de faire preuve d'imagination. Tant pis pour le petit déjeuner. À chaque heure qui passait elle a rayé de sa liste un autre rendez-vous, et maintenant elle a toute sa journée de libre. La rumeur court qu'on peut revenir dans le bar après la fermeture.

Leur façon de se dire À bientôt cristallise le changement survenu dans leur amitié depuis des mois : en fait, ils ne se reverront pas de sitôt. On fait comme on a dit : on part séparément et on se retrouve dans dix minutes. Personne ne s'en rendra compte. Tout le monde est au courant. On s'échange des numéros. On fait du bruit pour rien : on devrait se voir plus souvent, on devrait se faire une soirée, on devrait faire un tas de choses qu'on ne fera jamais. Des dames ivres sont poussées dans des taxis par des amis prompts à réagir, hors de portée des prédateurs. Il ne se réveillera pas. On joue ses dernières cartes. Quitte ou double. Bien peu se présentent comme acteurs, mais tous ont le don des impros de trottoir, de ce théâtre maladroit : Tu vas par où, Tu veux qu'on partage un taxi. Ils n'ont pas envie de rentrer. Quelqu'un les attend. Ou personne.

Ils rentrent. Se rappelant trop tard qu'il est insupportable pendant les longs trajets en taxi. À l'affiche ce soir : Le Retour de l'Enfant du pays. Bien aviné, il retrouve ses avenues comme des pantoufles confortables. Attachez vos ceintures. Si vous faites le trajet avec lui, tôt ou tard vous l'entendrez dire : J'ai habité ici. Le doigt pointé comme pour percer un trou dans la nuit. J'ai habité ici. Sur Broadway et Fulton et Riverside et Houston il est carrément énervant, il peut pas fermer sa gueule. J'ai habité ici. Dans les cinémas bondés, quand le responsable des repérages a su dénicher le meilleur hot-dog à cinquante *cents*. Pendant les longues promenades, en feuilletant un livre de photos quelconque, dans l'avion qui survole la ville : J'ai habité ici. Il dit ça quand on s'y attend le moins, il dit ça hors de propos, car s'il n'a pas habité ici il y habitera un jour. Il reste toujours d'autres appartements qui l'attendent. Il reste toujours un peu de ville.

Prisonniers des feux rouges aux endroits stratégiques. Sur les lieux de l'accident d'hier, il y a des lambeaux de métal et de minuscules cubes de verre. À chaque redémarrage, les pneus les répandent alentour jusqu'à ce qu'une couche invisible de douleur recouvre toute la ville. Autrefois, il a habité ici, au coin de la rue. Qui donc vit aujourd'hui dans ces appartements, qui donc usurpe son numéro de téléphone. Un rapide calcul révèle qu'il n'aurait pas les moyens d'occuper l'appartement où il a grandi, et qu'il vit en exil dans sa ville natale. Que dire en passant devant cet immeuble et tous les autres, comment communiquer ce sentiment à des amis, à des gens qui compatiraient. Immensité de la dette. Pauvreté des citoyens. Que dire en passant devant ces lieux si humbles, qui pourtant vous ont aidé sans que vous sachiez comment, qui étaient là pour vous les nuits où vous n'aviez ni amis ni taxi, rien que des clefs. Le feu passe au vert. On est presque arrivé. C'est pas trop tôt.

Après toutes ces angoisses et cette mer agitée, la nuit s'échoue. Finalement, certains ont réussi à gagner le rivage. Il connaît un endroit où petit-déjeuner. Regarde l'heure qu'il est. Regarde-moi. Regarde-les se tenir la main. Ils ont passé la nuit à discuter. Pendant que tout le monde devenait fou, ils se sont trouvés. Non pas faits l'un pour l'autre, mais peut-être faits l'un de l'autre. De la même substance, de même que la ville n'est faite que d'une substance, d'un bout à l'autre, sur chaque centimètre carré. Compacte. Immuable. Indestructible. Tout le monde descend. Terminus. Regarde le ciel. Vers l'est. Voilà le soleil et ses couleurs contractuelles, le soleil à l'assaut du verre brisé, le soleil enfin au-dessus des immeubles, et on est à bon port.

TIMES SQUARE

C'est une maladie, en vérité, avec des symptômes qui ne trompent pas. Ils disent : Je ne reconnais plus l'endroit. Ils disent : J'ai le vertige et la tête qui tourne. Pas dans mon assiette. Ce sont des réactions épidémiques : contre ce genre de bouleversement, personne n'est immunisé. Ils s'accordent pour se lamenter, cherchent les mots à offrir à qui les écoutera : Ce n'est plus comme avant. Bien sûr que non. Ce n'est même plus comme c'était il y a cinq minutes.

Dites bonjour à la dynamo. Les têtes se lèvent à quarante-cinq degrés, salutation réglementaire. Si la chose n'était pas immobilisée par les immeubles, elle vous accueillerait peut-être d'un geste de la main. Mais elle doit se contenter de briller, plus éclatante que le paradis, et plus facile d'accès : un au-delà d'asphalte. C'est un ange, sur le toit, ou simplement une boîte de soda de dix mètres de haut ? Toujours ce problème d'échelle. Chaque pâté de maisons est un continent, une grosse tranche de planète. Des événements se déroulent en d'autres points du globe et défilent l'un après l'autre sous les confettis. Le fleuve du monde. Justement, elle se demandait quelle heure il était à Tokyo : voilà la réponse. Nul ne peut nier que ce sont là les plus spectaculaires peintures rupestres de toute l'histoire de la peinture rupestre. Ne serait-ce que par la facture d'électricité. Premier Rang Mondial. Laissez-Vous Exciter. Choisissez Le Meilleur. Certains de mes meilleurs amis sont des slogans. Les slogans vont prendre un verre après le boulot, ils clignotent et ils palpitent, échangeant des ragots sur leur ami dont le conte de fées est devenu le grand succès de Broadway : Le Slogan de la dernière chance. On fait la queue pour le voir. Tout le monde est une star.

Faites mijoter la notion de métropole jusqu'à ce qu'elle se réduise à quelques pâtés de maisons, ajoutez une pincée de mode et une cuillerée de malheur. Dosez l'excès à votre goût. De quoi nourrir toute une tablée. Depuis quelque temps, plus besoin d'intervention humaine pour faire tourner la machine, qui désormais fonctionne par la seule force de sa volonté ; mais ça les rassure un peu de s'occuper de la maintenance. De vieux briscards, en équilibre sur des échelles instables, dévissent les morts. On remplace, on remplace. On méprise ces choses qui nous renvoient à notre insignifiance. On assiste à toutes sortes d'obsolescence. Les rôles qu'on lui offre aujourd'hui maternent les ingénues qu'elle jouait naguère. Le refrain dit : Regardez, c'est une vieille gloire, sur le trottoir, en lunettes noires. C'est sa première visite depuis des années, et en regardant autour de lui il repense au jour où il a compris que son fils valait mieux que lui. Attendez votre tour, il y a assez d'amertume pour tout le monde. Si on canalisait toute l'énergie déversée ici pour alimenter votre inconscient, voilà à quoi ça ressemblerait.

Que les klaxons commencent, quelques microsecondes après le feu vert, d'un bout à l'autre de l'avenue. Klaxonne autant que tu veux, petit bonhomme, tu n'iras nulle part. C'est un sacré embouteillage qu'on a là, tous les errements de la civilisation nous mènent ici, pare-chocs contre pare-chocs, sans titre ni assurance. Elle a beaucoup souffert, mais le maquillage dissimule bosses et éraflures. Les visiteurs venus de pays en guerre, sortant de leur hôtel, s'aventurent dans ce chaos et se sentent aussitôt chez eux. Est-ce qu'on a éteint le fer à repasser, est-ce qu'on peut faire confiance à la baby-sitter, à la toutou-sitter ? C'est bien de venir en visite, mais ils ne voudraient pas vivre ici. Les tranches de citron écrasées au fond des mugs-souvenirs XXL résument la déception. On fait le plein de tee-shirts. On demande son chemin pour la cinquième fois, même si ça sert à rien. L'aiguille de la boussole s'affole bizarrement quand on lui demande de viser le nord. Les parleurs de langues étrangères repêchent leurs vieux cours d'anglais, tentant de conjuguer ce foutoir. Comment dit-on : Je suis seul et perdu. Comment dit-on : Je suis désespéré. Pas besoin de traduire les lumières, les lumières disent la même chose dans toutes les langues. Levez les yeux au ciel, laissez-vous balayer par le courant humain, pour échouer quelques rues plus loin, exactement là où vous deviez aller. Zyeutez l'improbable, comme si des humains émergeaient d'un bain d'acides aminés en haut-de-forme et queue-de-pie.

Bâtissez plus gros, plus beau. Plus brillant, plus percutant. Les immeubles grandissent, et nous enfouissent toujours plus bas dans leur course au sommet. On fait la course jusqu'au ciel, le dernier arrivé est un canard boiteux, tout juste bon à abriter des cabinets d'avocats. Tout là-haut, au grand QG de la multinationale du divertissement, les décideurs dictent vos rêves. Ici-bas, les vendeurs des rues fourguent des brûlures d'estomac, mais au moins ils portent des gants, en vertu des règlements sanitaires. Un homme distribue des prospectus, et on l'évite comme s'il tenait une liasse de virus, et non des pubs pour des prothèses à prix réduit. L'ancien pickpocket deale désormais des tickets de haute altitude pour des spectacles de Broadway défraîchis. Le représentant en ampoules, dont c'est la première visite, pivote tout joyeux en disant : On sait maintenant quoi faire de nos ampoules colorées. Tout le monde a quelque chose à vendre. Je vous ai parlé de l'offre de bienvenue ? Le bureau de recrutement des Forces armées des États-Unis a un local de rêve, idéalement situé au milieu d'un chaos où chacun est une armée à lui tout seul. Protégez vos frontières. Réveillez votre instinct de conservation. Allez tâter du joystick. Les experts s'accordent à dire que les jeux vidéo améliorent la coordination entre la main et l'œil. Les délinquants juvéniles grappillent des pièces pour les machines, cherchent au fond de leurs poches des mensonges à raconter aux flics et aux parents. Les gamins des banlieues résidentielles s'échangent des alibis. Puisque vous êtes là, les petits, profitez-en pour apprendre quelques trucs du monde des adultes. Apprenez qu'on n'a jamais assez d'alibis.

Les gens du spectacle fourmillent et trottinent, impossibles à distinguer des profanes. Magie du théâtre. Quelle est la formule qui transformera ses photomatons en pages de pub sur papier glacé, et glissera son nom dans les légendes des clichés de paparazzi. Les mauvais plans d'hier soir sont les ragots de ce matin. Quand on vous demande d'en dire plus, contentez-vous d'un sourire mystérieux. Tant que son nom est bien orthographié. On attend d'être découvert. Bonne chance, ou plutôt merde. C'est la première représentation pour ce couple, qui apprend à se réchauffer, main dans la main. Les comptes rendus paraîtront dans les journaux du matin. C'est la dernière pour ce duo, qui fait sa sortie dans des taxis séparés. Que le casting recommence. Les critiques aiguisent leurs couteaux sur leur dernière humiliation. En attendant de percer, vous restez la doublure du *has been* au bout du rouleau qui usurpe votre nom et votre visage depuis toutes ces années. Peut-être qu'un jour, enfin, vous aurez l'occasion de monter sur scène.

Quatre-vingt-dix-huit fois elle a vu le spectacle, et chaque représentation illumine un nouveau recoin de son âme. On détourne les yeux, c'est trop horrible. Le jeune premier se récite mentalement les insultes de son père tandis que sa bouche débite les répliques avec une passion travaillée. Les sentiments sont si intenses sur scène. Nous vivons dans l'ère mécanique. Quel défaut d'éducation les attire donc ici, soir après soir, simples spectateurs de ce monde meilleur, un monde en toc pour exilés. À la Saint-Sylvestre, les citoyens se rassemblent et frissonnent pour un dernier rappel avant de passer au prochain spectacle. Regardez descendre la grosse boule, contrepoids de l'espoir. Toute la troupe a signé le programme, félicitations, faites passer les cigares : ça fera un souvenir. On attend les idoles à l'entrée des artistes. Un simple regard effacerait tant de choses. Quand le revolver sera vide, plus personne ne pourra douter qu'il était son fan numéro un.

Contre nature, et pourtant appelant la comparaison avec la nature. Un Trou Noir. Visible depuis l'espace, avec un champ magnétique si intense que même la vie ne peut pas y échapper. Les métros tentent de l'éviter, mais chaque ligne, chaque itinéraire finit par bifurquer vers ses misères quantiques. Un Grand Cœur Qui Bat. Congestionné par ceux qui obstruent cette artère. Un régime sain supposerait de nous réduire, nous. Mais peut-être qu'on n'est pas des corps étrangers, qu'on est assimilés. Les gens sont attirés dans les ventricules, puis relégués dans les veines des avenues, pour nourrir d'autres quartiers de leur savoir régénéré. Comme un afflux de sang. Une Vérité Géologique. Où deux plaques tectoniques s'entrechoquent, frôlant le tremblement de terre, Broadway heurtant la Septième Avenue en un conflit immémorial. Sismique, mesurable dans ses soubresauts prévisibles. Quelle autre explication à ce grondement sous vos pieds, à ce sentiment de danger ?

Oh, les lumières. La nuit, il faut des lunettes noires. Épileptiques, prenez garde. Toutes choses étincelantes : les dents et les devantures, les montres et les boucles d'oreilles neuves, et parfois même une âme. Perdu dans tout cet éclat, comment voulez-vous que se détache du lot cet article délaissé ? Si seulement ces imbéciles du bus touristique cessaient de lui faire signe ! Ils ne font qu'attiser son manque d'assurance. Face à la lumière, nous ne sommes que viande molle, transparente aux rayons X, exhibant toutes ses faiblesses et ses défauts. Peep-Show. Parc de Jeux. Palais des Plaisirs. Tous ces fameux vices continuent d'attirer les foules après tant d'années. Un spectacle qui ne s'arrêtera jamais. Pas la peine d'auditionner. Cette rénovation urbaine, ç'a été un sale coup pour l'industrie du Kleenex, vous pouvez me croire. N'empêche que le mec en salopette passe la serpillière. Les films en 16 mm conçus pour des projecteurs de cave ont été numérisés pour les home-cinémas. Elle préfère le terme Actrice de films de charme. Toutes ces pauvres orphelines ont leurs fans-clubs et leurs sites web. Et où sont nos maquereaux d'antan, les Slim, les Big Daddy ? Évincés depuis longtemps par des gros bras franchisés, avec leurs écuries sponsorisées et leurs chaînes de magasins. Les prostituées du marché public s'approprient les carrefours, négocient des caresses 50 % coton 50 % synthétique. C'est combien la formule mixte ? Sur les banquettes douillettes du restaurant à thème, le menu Au-Choix-Sur-La-Carte a été supplanté par Un-Seul-Plat-À-Volonté. C'est mieux ainsi. Les clients se déplacent en bandes, en troupeaux familiaux, avec leurs coupons d'agence de voyages. C'est mieux ainsi : en plus, ils paient les taxes, et d'ailleurs, où est-ce qu'on caserait une Cadillac, avec ces nouvelles règles de stationnement byzantines ?

Les criminels les plus endurcis se donnent des airs. Appelez-moi *Professeur* Salopard. Tout est apprivoisé, inoffensif. Ce n'est plus comme avant, dit-elle à ses amis de province. Souriante, à la tête de l'expédition. Plus elle vit ici, plus elle trouve d'obscénités à décrire d'un air supérieur à ceux qui y habitent depuis moins longtemps. Gagnez des points supplémentaires en indiquant ce qui occupait ce local avant les trois restaurants mort-nés : bravo ! un autre restaurant. De minces planches montent la garde là où naguère s'élevaient des immeubles, sentinelles des abîmes. Défense d'Afficher. Ils se Défendent en Affichant. Faites attention aux gravats, acclamez les grues qui hissent des poutrelles. Un jour, il verra osciller une boule de démolition, ou la bête mourante imploser en poussière, ou du moins il entendra un grand fracas à trois rues de distance, et il saura qu'un délicieux massacre se déroule tout près de chez lui. Ils chérissent secrètement la violence faite à leur quartier, à leurs repaires, car après leur destruction ils pourront se vanter d'avoir connu la grande époque. Se plaindre, c'est appartenir, se plaindre, c'est posséder. Sans loyer à payer, pour une fois.

Si vous restez sur le chemin vous ne verrez pas les ruines humaines, alors ne vous éloignez pas du chemin. Électronique au rabais, vies au rabais. Rien au comptant. Les enseignes les plus sincères, celles qui célèbrent Misère et Malheur, ne sont branchées qu'après minuit. Allons prendre un verre au Bar du Vieil Homme. Les grands maîtres sont morts et leurs secrets ensevelis avec eux : on ne reverra plus pareils néons. Ils nous manquent cruellement. Le silence s'abat sur la pièce quand quelqu'un dit :

Greffe du foie. Dans ce business, vous savez ce que c'est : le festin ou la famine. Il disait qu'il voulait la prendre en photo, qu'il connaissait du monde, mais ce n'est qu'une fois ressortie, avec moitié moins d'habits, qu'elle se sentira en sécurité. Ne sous-estimez pas l'effort de volonté nécessaire pour succomber au cliché. Pour suivre le script. Tout ça, c'est du cinéma. Comme les *happy ends*.

Il ne se rappelle pas l'adresse exacte, mais une fois sur place il reconnaîtra l'endroit. Les vieux de la vieille énumèrent ce qui n'est plus. Le célèbre producteur est dans la dèche, et sa fidèle troupe aux abonnés absents, car chaque chèque qu'il signe ces temps-ci est d'un bois plus dur que la pierre des gratte-ciel. Personne ne répond à son annonce recrutant des Figures Pittoresques de Times Square. Les marins en bordée ont repris la mer. Les danseuses de cancan sont sous pénicilline. Les boxeurs minables, les mystiques du K.-O., ont pris leur retraite à Boca Chica, en copropriété ; comment leur en vouloir, l'hiver y est quand même moins rude. La gomina et les cigares, les cacahuètes et le be-bop, tels étaient les accessoires des grands spectacles d'antan, et où les trouver aujourd'hui ? On déplore les disparitions. On essaie d'allumer un cierge, mais l'allumette s'éteint tout le temps. Il y a tellement de courants d'air dans ces vieux théâtres. Comme si les vieux théâtres étaient encore debout.

Ville de bootleggers et de bars clandestins, grand fabricant de codes secrets, de mots de passe, de portes dérobées. Ça remonte à des années, mais... patience. Tôt ou tard vous retomberez dessus. Ils explorent replis et recoins. L'entrecôte à sept dollars. Les rubans qu'elle aime tant. La boutique vouée à la vente, à l'entretien et au folklore des feutres mous. Ne vous laissez pas abuser par ces nouvelles enseignes synthétiques. Si vous avez vraiment besoin de cette adresse, vous finirez par la trouver. Même les proprios peuvent se faire anges gardiens. La petite échoppe spécialisée dans les Deuxièmes Actes de Vies d'Américains ne bougera pas. Elle fait surtout du sur-mesure, mais pas de réclame, le bouche-à-oreille suffit. Juste à côté, il y a l'agence de voyages qui ne vend que des Allers Simples Pour Ailleurs. Même si les clients ne reviennent jamais, l'affluence est constante, un flot accablé de fuyards, de flanchants, de fiascos. Ces commerces sont implantés dans le quartier depuis des années, et ils y resteront car ils répondent à un besoin. On a beau ravaler les façades et repaver la chaussée, enjoliver et retaper, impossible de cacher leur vraie nature. Il y a des choses qu'on ne peut pas démolir. Il y a des choses qui s'enracinent jusqu'à devenir des fondations. Et on finit par trébucher dessus, parce que c'est important. Ça fait un bail, mais s'il continue à chercher il finira par la trouver, la boutique qui ce jour-là a répondu à ses besoins, et regardez, c'est là, elle n'a pas du tout changé après toutes ces années, et le type au comptoir le salue par son nom.

Cette ville est la récompense de tout ce qu'elle vous permettra d'accomplir, et le châtiment de tous les crimes qu'elle vous forcera à commettre. On dirait que cette femme a résolu une énigme, arrêtée au carrefour, attendant de traverser, regardez-la, elle sourit à quelque chose que nous ne voyons pas. À cette lumière pure et vacillante. On se sent toujours un peu bête quand on comprend enfin cette ville. Figé au carrefour, évité par la foule tel un prophète ou un clochard. Mieux vaut l'évitement, comme on éviterait le frôlement d'un ange. Le pire, c'est la solitude, car ce savoir ne se partage pas, il se subit. C'est pas plus mal. Y a pas de raison de leur mâcher le travail.

Ça, c'est bien new-yorkais.

JFK

Il est temps de partir.

Les bagages sont faits. Tous les documents nécessaires bien rangés dans les poches et les sacs. Le temps est passé si vite. Prenez un moment pour récapituler votre séjour et regretter toutes les choses que vous n'avez pas pu faire, tous les lieux que vous n'avez pas pu voir. Tout ce que vous avez manqué. Et promettez-vous : La prochaine fois, peut-être.

À supposer que ça soit encore là quand vous reviendrez.

Parfois les choses disparaissent.

L'aéroport est l'une des nombreuses issues stratégiquement situées. Ses terminaux splendides vous mènent n'importe où dans le monde. Les noms des compagnies les classent par destination. Suivez le mouvement, faites ce qu'on vous dit. Encore un peu de patience et vous serez chez vous.

Prenez place sur votre siège.

Quand vous parlerez de ce voyage, et vous en parlerez forcément, car ç'a été un vrai périple où vous avez vu beaucoup de choses, où il y a eu des hauts et des bas, des revers de fortune et des sauvetages miraculeux, une sacrée expérience, vous verrez vos amis hocher la tête d'un air entendu. Ils diront : Ça me rappelle, ils diront : Je vois très bien ce que tu veux dire. Ils sauront de quoi vous parlez avant même que vous prononciez les mots.

Parler de New York, c'est parler du monde.

Réveillez-vous. En sursaut, brutalement expulsé du rêve. Incroyable mais vrai, cette gigantesque créature a fini par décoller. Cette gargouille improbable aux ailes impossibles. Pour nous qui ne savons que voleter. Mettez-vous à l'aise et oubliez. Oubliez, je vous en prie. Essayez d'oublier peu à peu, ça sera moins pénible. Laissez tout ça derrière vous. Et puis l'avion s'incline dans sa fuite et par-dessus l'aile grise la ville éclate au regard dans tous ses kilomètres, ses clochers, son tourbillon insondable, et en essayant d'embrasser ce spectacle vous comprenez que vous n'avez jamais vraiment été à New York.

L'auteur souhaite remercier ses amis et voisins de l'avoir tant aidé à faire exister ce projet : Nicole Aragi, Nicholas Dawidoff, Richard Nash, Tina Pohlman, Bill Thomas et Kevin Young. Ces pages seraient restées blanches sans l'amour et le soutien de Natasha Stovall.

DU MÊME AUTEUR

Aux Éditions Gallimard

L'INTUITIONNISTE

BALLADES POUR JOHN HENRY

APEX ou Le cache-blessure

DANS LA MÊME COLLECTION

1. Yukio Mishima	*Le Japon moderne et l'éthique samouraï (La Voie du Hagakuré)*
2. Kazimierz Brandys	*Carnets de Varsovie (1978-1981)*
3. Peter Handke	*La leçon de la Sainte-Victoire*
4. Paul Bairoch	*De Jéricho à Mexico (Villes et économies sans l'histoire)*
6. Rainer Maria Rilke	*Lettres à une amie vénitienne*
7. Nikolaus Harnoncourt	*Le dialogue musical (Monteverdi, Bach et Mozart)*
8. Cioran	*Exercices d'admiration (Essais et portraits)*
9. Julien Hervier	*Entretiens avec Ernst Jünger*
10. Jean-Paul Sartre	*Mallarmé (La lucidité et sa face d'ombre)*
11. Cioran	*Aveux et Anathèmes*
12. Jorge Luis Borges	*Neuf essais sur Dante*
13. Lawrence Grobel	*Conversations avec Truman Capote*
14. Peter Handke	*Après-midi d'un écrivain*
15. Primo Levi	*Les naufragés et les rescapés (Quarante ans après Auschwitz)*
16. Mario Vargas Llosa	*Contre vents et marées*
17. Ossip Mandelstam	*De la poésie*
18. Franz Kafka	*Lettres à ses parents (1922-1924),* précédé de *Une année de la vie de Franz Kafka* de Pietro Citati
19. Peter Handke	*Essai sur la fatigue*
20. Varlam Chalamov	*Correspondance avec Boris Pasternak*
21. Mircea Eliade	*Cosmologie et alchimie babyloniennes*
22. Elsa Morante	*Pour ou contre la bombe atomique*
23. Octavio Paz	*L'autre voix (Poésie et fin de siècle)*
24. Peter Handke	*Essai sur le juke-box*
25. Jean-Pierre Faye	*L'Europe une (Les philosophes et l'Europe)*
26. Cioran	*Le livre des leurres*
27. Mircea Eliade	*Contributions à la philosophie de la Renaissance* suivi d'*Itinéraire italien*
28. Joseph Brodsky	Acqua alta

29. George Steiner	*Épreuves*
30. Varlam Chalamov	*Essais sur le monde du crime*
31. Cioran	*Bréviaire des vaincus*
32. Frédéric de Towarnicki	*À la rencontre de Heidegger (Souvenirs d'un messager de la Forêt-Noire)*
33. Peter Handke	*Essai sur la journée réussie (Un songe de jour d'hiver)*
34. Eugenio Montale	*La poésie n'existe pas*
35. Octavio Paz	*Un au-delà érotique : le marquis de Sade*
36. Robert Walser	*Sur quelques-uns et sur lui-même*
37. Primo Levi	*Histoires naturelles suivi de Vice de forme*
38. Kvetoslav Chvatik	*Le monde romanesque de Milan Kundera*
39. Apollinaria Souslova	*Mes années d'intimité avec Dostoïevski*
40. William Faulkner	*Lettres à sa mère (1918-1925)*
41. Cioran	*Entretiens*
42. Truman Capote	*Portraits et impressions de voyage*
43. Botho Strauss	*L'incommencement. Réflexions sur la tache et la ligne*
44. Octavio Paz	*Itinéraire*
45. Cioran	*Anthologie du portrait. De Saint-Simon à Tocqueville*
46. H. C. Robbins Landon	*Mozart connu et inconnu*
47. Thomas Mann	*Être écrivain allemand à nos époque*
48. Kenzaburô Ôé	*Notes de Hiroshima*
49. Mario Vargas Llosa	*En selle avec Tirant le Blanc*
50. Raul Hilberg	*La politique de la mémoire*
51. Octavio Paz	*Lueurs de l'Inde*
52. Carlos Fuentes	*Géographie du roman*
53. Primo Levi	*À une heure incertaine*
54. Mario Vargas Llosa	*Un barbare chez les civilisés*
55. Paul West	*Un accident miraculeux*
56. Sérgio Buarque de Holanda	*Racines du Brésil*
57. José Cardoso Pires	*Lisbonne — Livre de bord (voix, regards, ressouvenances)*
58. Wolfgang Matz	*Julien Green. Le siècle et son ombre*
59. Pier Paolo Pasolini	*Histoires de la cité de Dieu. Nouvelles et chroniques romaines (1950-1966)*

60. Péter Esterházy	*L'œillade de la comtesse Hahn-Hahn (en descendant le Danube)*
61. Mario Vargas Llosa	*Lettres à un jeune romancier*
62. Elsa Morante	*Territoire du rêve*
63. Arundhati Roy	*Le coût de la vie*
64. Cesare Pavese	*Littérature et société. Le mythe*
65. Roberto Calasso	*Le fou impur*
66. Tadeusz Kepinski	*Witold Gombrowicz et le monde de sa jeunesse*
67. Batya Gour	*Jérusalem, une leçon d'humilité*
68. Michel Handelzalts	*Histoires d'en lire*
69. Aleiandro Rossi	*Un café avec Gorrondona*
70. Jorge Luis Borges	*L'art de la poésie*
71. Jean Paulhan	*Entretiens à la radio avec Robert Mallet*
72. Alejo Carpentier	*Essais littéraires*
73. Harry Muslisch	*L'affaire 40/61 (Un reportage)*
74. François Ricard	*Le dernier après-midi d'Agnès. Essai sur l'œuvre de Milan Kundera*
75. Kazimierz Brandys	*De mémoire...*
76. Alexander Kluge	*Chronique des sentiments*
77. Erri De Luca	*Noyau d'olive*
78. Cioran	*Solitude et destin*
79. Marie-France Ionesco	*Portrait de l'écrivain dans le siècle Eugène Ionesco 1909-1994*
80. Erri De Luca	*Essais de réponse*
81. Hanna Krall	*Prendre le bon Dieu de vitesse*
82. Ferdinando Camon	*Conversations avec Primo Levi*
83. Carlos Fuentes et Jorge F. Hernández	*Territoires du temps. Une anthologie d'entretiens*
84. Amos Oz	*Comment guérir un fanatique*
85. Mario Varga Llosa	*La vérité par le mensonge*
86. Erri De Luca	*Comme une langue au palais*
87. Silvia Baron Supervielle	*L'alphabet de feu*
88. Bernhard Schlink	*Vérifications faites*
89. John Dos Passos	*Lettres à Germaine Lucas-Championnière*
90. Simone de Beauvoir	*L'existentialisme et la sagesse des nations*

Composition CMB Graphic.
Achevé d'imprimer
par l'Imprimerie Floch
à Mayenne, le 3 janvier 2008.
Dépôt légal : janvier 2008.
Numéro d'imprimeur : 70053.

ISBN 978-2-07-077264-3 / Imprimé en France.

132012